CHECK & STRIPE

布屋のてづくり案内

contents

Part.1
パリテイストの服と小物 5

6 **Paris**
**パリのまちと
布づくり**

 1）ラナンキュラスのブラウス　9
 2）木いちごのワンピース　11
 3）パフスリーブの
　　フレンチカットソー（大人）　13
 4）パフスリーブの
　　フレンチカットソー（子供）　13
 5）ボーダーT（大人）　15
 6）ボーダーT（子供）　15
 7）プチマフラー　15
 8）ダブルガーゼの
　　ヘンリーネックシャツ　16
 9）シャーリングワンピース　17
10）バブーシュカ　17
11）フレンチくま　18
12）くまのエプロン　18
13）くまのパンツa　19
14）くまのスモックブラウス　19
15）くまのバブーシュカ　19
16）くまのパンツb　19
17）くまのワンピース　19
18）キルティングコート　20
19）スモックワンピース　21
20）リネンの帽子　22
21）ギャザーバッグ　23

24 **早起きしてマルシェへ**

22）大きなマルシェトート　25

26 **パリの公園でランチ**

23）リボンで包むお弁当袋　27

28 **パリの手芸屋さん**
34 **ヴァンヴのノミの市**
36 **ひと休みのカフェ**

Part.2

ルールマランの素朴でかわいいインテリア 39

40　Lourmarin
　　小さいけれど
　　とてもきれいな村

42　朝食
　　24) 6枚のリネンクロスを使った
　　　　テーブルクロス 42
　　25) マルチカバー 43

44　ベッドリネン
　　26) クッションカバー2点 44
　　27) リボンで結ぶ
　　　　コンフォーターケース 44

46　読書の時間
　　28) ブランケット 46
　　29) ブックカバー 46

48　ルールマランの
　　素敵な雑貨屋さん

50　旅の小物も手作りで

51　1mでできる旅のセット
　　30) フレンチレースの
　　　　ランジェリーケース 51
　　31) フレンチレースの巾着 51
　　32) フレンチレースのポーチ 51
　　33) サシェ 51

52　花柄のお泊まりセット
　　34) バニティケース 52
　　35) キャミソール 53
　　36) ショーツ 53

54　機内の持ち物セット
　　37) ルームシューズ 54
　　38) キャンバストート 55

56　違う布で作ってみたら
57　縫い方をアレンジして

Part.3

神戸のお店と布のおはなし 59

60　お裁縫箱のような小さなお店
64　布の成り立ち
68　この本で使った布たち
72　あとがき

73　作り方

Part.1

パリテイストの服と小物

Vêtements et accessoires de style parisien

Paris ＊ パリ

パリのまちと布づくり

初めてパリを訪れたのは'03年のこと。出不精で、飛行機が苦手な私を、仕事仲間が誘ってくれました。その時は、エッフェル塔や凱旋門を見る余裕もなく、みんなに迷惑をかけないように、早足で歩くのが精いっぱい。それから年に数回は、パリへ行くようになったのですが、やっと自分の足で、地図を見ながら歩くことができるようになったのは、つい最近のことです。少し余裕が出てくると、パリの景色だけでなく、家々の窓辺やお店の看板にも目がいくようになり、歩くのがどんどん楽しくなりました。街を颯爽と歩くおしゃれなパリジェンヌや、シックな色の洋服を着たパリの子供たち、ノミの市で見つけたアンティークの布や、手芸屋さんのボタンやレース、色とりどりのお菓子やお花など、パリの街で出会うすべての人や物に、魅きつけられます。洗練された色使いやデザイン、そのかわいらしさはずっと私の心の中に残っていて、最近ではCHECK＆STRIPEでの布作りも、パリで見た色や模様を思い浮かべて、それを再現したいと思うようになっています。この本では、そんなパリに影響されたCHECK＆STRIPEのオリジナルの布を使って、シンプルで優しいデザインの洋服や小物をいろいろ作ってみました。皆さんがこの本を見て、布の魅力に触れ、作品を作り、少しでもパリの匂いや空気を感じていただけたら……そう思っています。

ラナンキュラスのブラウス
Tunique renoncule

ラナンキュラスの花びらのような、少し透け感のある、
白くて柔らかいリネンを使用しました。胸もとに取った
控えめなギャザーが、ふんわり優しい印象に。ファスナー
やボタンつけもないので、簡単に作ることができます。
ジーンズや短めのパンツに合わせて。

1　ラナンキュラスのブラウス　作り方 P.74

木いちごのワンピース
Robe framboise

パリのマルシェで見かける木いちごの色をイメージして、リネンを染めました。紫が少し混じった濃い紺は、黒よりも柔らかい印象を与えてくれます。ほどよくあいたスクエアネックも上品。1枚でさらっと着たり、ジーンズやレギンスなどのボトムに合わせても素敵です。

2　木いちごのワンピース　作り方 P.76

マカロン色のフレンチカットソー
T-shirt couleur macaron

パリのパティスリーのショーウインドーに並んだマカロンのような色のフレンチカットソー。パリらしい、くすんだニュアンスのある色にこだわって染めました。小さなパフスリーブもきいていて、ママにも女の子にも似合う、ちょっと甘めのかわいらしいデザインです。

3 パフスリーブのフレンチカットソー（大人）　作り方 P.78
4 パフスリーブのフレンチカットソー（子供）　作り方 P.78

トリコロールのボーダーT
T-shirt tricolore

親子お揃いのボーダーTシャツ。フランス国旗のトリコ
ロールカラーをイメージして作ってみました。伸縮性が
少ないので縫いやすく、厚地で丈夫なボーダー生地は、
ふだん着としてくたくたになるほど着ても大丈夫。ぜひ、
色違いでたくさん作ってみてください。

5　ボーダーT（大人）　作り方 P.80
6　ボーダーT（子供）　作り方 P.80
7　プチマフラー　作り方 P.104

ヘンリーネックシャツ
Chemise sans col

男の子の好きな野球のユニフォームをイメージして作りました。肌に優しいダブルガーゼは着心地がよく、きっと男の子のお気に入りになると思います。ヘンリーネックとポケット口から見えるブルーのストライプがポイント。

8　ダブルガーゼのヘンリーネックシャツ　作り方 P.82

シャーリングワンピース
Robe à fronces

胸もとにミシンでゴムシャーリングを施したギンガムチェックのワンピース。柔らかい生地なので、繊細なギャザーが生まれます。同じ色のストライプ生地で作ったバブーシュカを合わせて。ワンピースの後ろは、ボタンあきになっています。

9　シャーリングワンピース　作り方 P.84
10　バブーシュカ　作り方 P.84

フレンチくまのお着替えセット
Vêtements de rechange pour nounours

ギンガムチェックの布帛で作ったくまと、生成りの天竺で作ったくま。同じ型紙を使って作っても、布の伸縮性や綿の入れ方によって、サイズも少し違ってきます。洋服を着せ替えるたびに、困ったような表情をしている気がして、笑ってしまうほどかわいいのです。

11　フレンチくま　作り方 P.87
12　くまのエプロン　作り方 P.87

左から
13 くまのパンツa　作り方 P.87
14 くまのスモックブラウス　作り方 P.87
15 くまのバブーシュカ　作り方 P.87
16 くまのパンツb　作り方 P.87
17 くまのワンピース　作り方 P.87

キルティングコート
Manteau matelassé

濃いブラウンに白のドットがかわいい、キルティングのフード付きコート。裏布をつける必要もなく、縁をパイピングするだけなので、意外と簡単に作ることができておすすめです。丈もお好みで調節してください。

18 キルティングコート　作り方 P.90

スモックワンピース
Robe sarrau

ラグランで七分袖のスモックワンピースは、驚くほど簡単で手軽に作れます。春夏にはリバティプリント、秋冬にはウール地など、四季を通じて楽しめるデザイン。丈を短くしてチュニックにしても素敵です。

19　スモックワンピース　作り方 P.92

リネンの帽子
Chapeau de lin

旅をする時は、いつも少し大きめのつばの帽子を用意します。
日射しだけではなく、少しの雨くらいなら大丈夫。使わない時
は小さくたたんでおけるのが布製帽子のいいところ。

20 リネンの帽子　作り方 P.99

ギャザーバッグ
Sac à fronces

たくさんの荷物を持っている時や子供といる時、斜めがけできるバッグはとても重宝します。シンプルな形なのでリネンや帆布などで作っても、また違った表情が生まれます。

21 ギャザーバッグ　作り方 P.105

早起きしてマルシェへ

　プロヴァンスのマルシェやパリのラスパイユ通りのビオマルシェなど、フランスではどこの街や村でも、週に何度か食料品のマルシェが開かれます。キッチン付きのホテルに泊まった時は、私もマルシェでお買い物をします。地元の人たちの持っているような大きなかごは荷物になってしまうので、小さくたためて、持ち運びのできる、手作りのトートバッグが相棒です。
　なんでも入ってしまう大きなマルシェトートは、裏地を明るいアップルグリーンのギンガムチェックにしました。たいていは無地を表にして使いますが、シンプルな格好の日は、ギンガムチェックを表にしてもかわいい。たくさん入って肩にもかけられるので、荷物が多くても平気です。
　実はこのトート、スーパーでも大活躍します。バッグの底がだいたい買い物かごと同じ大きさなので、レジの時、空のかごに敷いておき、会計の終わった食材をそのまま入れてもらうのです。買い物かごにはもちろん、自転車のかごにもおすすめ。

大きなマルシェトート
Grand sac à Commission

肩にかけることのできる大きなマルシェトートは、帆布やデニムなどで作るのもおすすめ。本体がリバーシブルのトートは使う楽しみも2倍、布を選ぶ楽しみも2倍です。

22 大きなマルシェトート 作り方 P.111

パリの公園でランチ

パリでは、天気のよい日やお店が休みになる日曜日は、ホテル近くの公園を訪れます。夏は涼しい緑の木陰で本を読んだり、秋はマロニエの実を拾いながら歩いたり……と来るたびに風景が変わっていて、いろんな過ごし方を楽しんでいます。

今日は、マルシェで買ったものを小さなボックスに詰めて、リュクサンブール公園へランチに行きました。片隅の小さな椅子に座って、水玉の大きなリボンをほどきます。パンやチーズと果物の簡単なメニューでも、白いリネンの袋から出すと少しごちそうに思えてしまう。何気ない手作りですが、いつものランチを幸せな気分にさせてくれます。

パリで一番古いと言われるリュクサンブール公園のメリーゴーラウンドでは、係のおじさんが持っている輪っかを集めようと、子供たちが棒を持って一生懸命になっています。周りで見ている大人たちも、歓声をあげながら応援。人形劇の劇場や養蜂場まであるこの公園は、みんなの笑い声がいっぱいです。そんな様子を眺めながら食べるから、公園でのランチはよけいにおいしいのかもしれません。

リボンで包むお弁当袋
Petit sac à déjeuner
avec ruban

シンプルなペーパーバックのような形の袋には、底になる部分にリボンをつけました。お弁当箱を入れて、カトラリーが落ちないように、水玉の大きなリボンで結びます。

23　リボンで包むお弁当袋　作り方 P.95

パリの手芸屋さん

パリで人気の手芸専門店
ラ・ドログリー
la droguerie

日本にもあるお店ですが、さすがに本店は品揃えが多く、パリに行くたびに寄るお店の一つです。色とりどりのボタンやリボン、ビーズなど、どれもこれもとてもかわいくて、つい時間を忘れて夢中になってしまうほど。特にボタンは、パリらしい洗練されたものから思わず微笑んでしまうようなユニークなものまでたくさんあって、フランス人の感性にいつも感心してしまいます。お店はいつも多くのお客さんであふれていて、店員さんをつかまえるのもひと苦労。行くなら午前中がおすすめです。

りすや針ねずみなどの動物のモチーフや、野菜や果物をモチーフにしたボタン。子供服や小物のワンポイントに。

色とりどりのフェルトのお花。ビーズを加えて女の子の髪飾りにしたり、ブローチにしたり、と工夫が楽しそう。

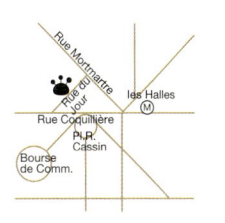

9-11,rue du jour 75001 Paris
☎01・45・08・93・27
営／10：30〜18：45（月曜14：00〜）
休／日・祝日
www.ladroguerie.com

古いものから新しいものまで

ウルトラモッド

Ultramod

170年以上も前からあるという、古い手芸材料店。歴史を感じさせるクラシックな店内には、たくさんのリボンやボタンなどが、天井までぎっしりと並んでいます。特にこのお店では、年代物のリボンやボタンが豊富に揃っていて、懐かしいのだけれど、かえってすごく新鮮で、使えそうな一点物に出会えるのがとても楽しいのです。今回、1mにも満たない、年代物のかわいいリボンを発見！短いので、買おうかどうか悩んでいたら、なんと店員さんがプレゼントしてくれました。そんな店員さんとの片言のフランス語でのやり取りもおもしろい。品揃えはもちろん、温かさもある素敵なお店です。

3 et 4,rue de Choiseul 75002 Paris
☎01・42・96・98・30
営／10:00〜18:00
休／土・日・祝日

サクランボのバイアステープは、シンプルな子供の洋服のアクセントに。
両側にスカラップが施された少し太めの2本のリボンはアンティークの
もの。ギャザーの入ったリネンのバッグに合いそうです。

ボタンとリボンが豊富な店

アントレ・デ・フルニスール
ENTRÉE DES FOURNISSEURS

ついつい手に取ってしまったのは、ジャックラッセルが表紙になった本。いろんな犬種用の洋服のパターンが載っています。

お花の形をしたボタンは、洋服に並べてつけるのもかわいいし、一つだけをブローチなどのアクセントにしても。

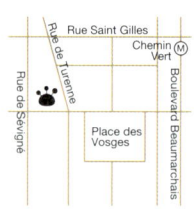

マレ地区の、にぎやかな通りから少しだけ入った、中庭に面して立つお店。「たった1個（ほんの50cm）からでもボタンやリボンを買うことができるお店にしたかった」と言うオーナーの優しい心遣いが反映されていて、気兼ねなく店員さんと話し合いながら、じっくりと商品を選ぶことができます。光がたくさん入る明るい店内には、たくさんのボタンやリボンのほかに、リバティプリントや洋服のパターン、洋裁の本など、手作り心をくすぐるアイテムがいろいろ揃っています。

8,rue des Francs-Bourgeois 75003 Paris
☎01・48・87・58・98
営／10：30〜19：00（月曜14：00〜）
休／日・祝日
www.entreedesfournisseurs.com

リネンとクロスステッチのお店
ラ・クロワ・エ・ラ・マニエール
La Croix & La Manière

市販のぬいぐるみに、洋服だけをオリジナルで作って着せているそう。上質なリネンで作っているので、手触りも優しくて子供にも安心です。

色が統一されたリネンのハギレ。きれいなサックスブルーのチェックやナチュラルカラーのリネンを、ていねいにオリジナルのリボンでラッピングしてくれました。

上質なリネンと、リネンの雑貨を取り扱ったお店。オーナーのモニクさんは、クロスステッチの刺しゅう作家で、店内には彼女の作った繊細でかわいらしい刺しゅう作品がたくさん並んでいます（注：モニクさんの作品は商品ではなく見本だそうです）。モニクさんいわく、「フランス人はリネン製のバッグやポーチなどの既製品と手芸材料を買う人の割合が半々なのだけれど、日本人はみんな材料や生地を買っていくのよ」。フランス人よりも日本人のほうが手芸好き、と話されていたことがとても印象に残りました。

36,rue Faidherbe 75011 Paris
☎ 01・43・72・99・09
営／12:00～19:00
休／日曜
www.lacroixetlamaniere.com

ヴァンヴのノミの市

パリ滞在中はノミの市の開かれる週末も早起きをして、一番乗りを目ざします。サンジェルマンのホテルから95番のバスに乗り、その終点がヴァンヴのノミの市。ノミの市では、お店の人との会話も楽しみの一つです。以前、アンティーククロスの材質を聞いたら、「触ってごらん。ひんやり冷たいのがリネン、暖かいのがコットンよ」と教えてくれました。シンプルでわかりやすい表現に、思わず納得してしまいました。買い物の後は、一緒に来た友だちと、どんなものを買ったか見せ合うのも、もう一つの楽しみ。みんなより安くて、かわいいものを見つけていたら、ちょっぴり自慢顔。もしかしたら世界に一つしかないもの。だからよけいに愛着が湧きます。

1

1 珍しい形のくるみボタン　2 フランスらしいピンクのラインが入ったキッチンクロス　3 小花模様のカフェオレ・ボウル　4 カゼインというミルクのタンパク質からできた犬とサクランボのボタン　5 古いレースやリボン　6 ブルーのラインのテープ　7 おもちゃのアイロン　8 木製の物差し　9 人形用のニット帽　10 水玉のリボン　11 小さな子供のレースドレス　12 お店のくま用に買ったニットワンピース　13 人形用のチェックのワンピース　14 よそ行き用の小さな革靴　15 お裁縫が楽しくなる魔法(!?)の指抜き

ひと休みのカフェ

ローズベーカリー
Rose Bakery

下写真の左はオーガニックの
アプリコットとストロベリー
のジャム。隣はローズベーカ
リーの本『Breakfast, Lunch,
Tea』。お菓子から軽食までの
レシピが載っています。中の
写真がとても素敵。

買いつけにちょっと疲れたら、布の問屋街、モンマルトル
の近くにあるローズベーカリーでひと休みします。コーヒ
ーの湯気や働く人たちの活気、体に優しいビオの食材。さ
っきまで見ていた色とりどりのボタンや布のことを、いっ
たんすべて忘れて、シンプルな気持ちに戻れる、気取りの
ない空間です。私のオーダーは、オーガニックのコーヒー
に、たいてい焼きたてのケーキを一つだけ。布の買いつけ
の時は、さっと決めることができるのに、ケーキを選ぶの
は、どうしてこんなに時間がかかるのでしょう。本当にい
つも真剣に悩んでしまうのです。

46,rue des Martyrs 75009 Paris
☎01・42・82・12・80
営／10:00〜17:00
（ランチ10:00〜14:00）
休／月曜

Part.2

ルールマランの
素朴でかわいい
インテリア

Décor naturel
de Lourmarin

Lourmarin ＊ルールマラン
小さいけれどとてもきれいな村

'06年の３月、パリからTGVに乗って、南仏のルールマランという村を訪れました。ルールマランはパリなどの都会の人たちが、バカンスを過ごす場所として、素朴さの中にもどこか洗練された雰囲気を持ったきれいな村です。１時間歩くと１周できるほどの小さなこの村には、かわいいお店が点在しています。私が泊まった小さなシャンブルドット（民宿）「Villa Saint-Louis（ヴィラ サン=ルイ）」は、インテリアデコレーターであったマダムのご主人（故人）が、17世紀の憲兵隊の宿舎を買い取り、自分の手でリノベイトした家だそう。宿では庭やテラスで朝食をとったり、リビングで宿泊している人たちとおしゃべりをしたりして、ゆっくりと過ごします。マダムも明るく親切で、まるで自分の家に帰ったようにくつろぐことができます。水曜の夜には、村の人々がマダムを訪ねて、ちょっとした持ち寄りパーティが開かれます。夏には庭で、冬には暖炉の前で、ワインとごちそうを持ち寄って、みんなとても楽しそう。そんな、のんびりとした雰囲気を味わえるのも、小さな村のシャンブルドットの魅力です。

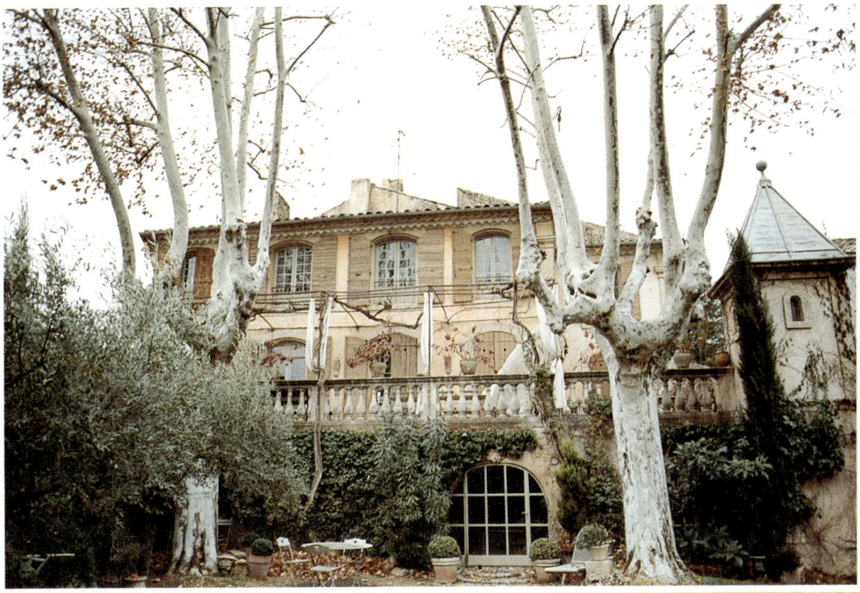

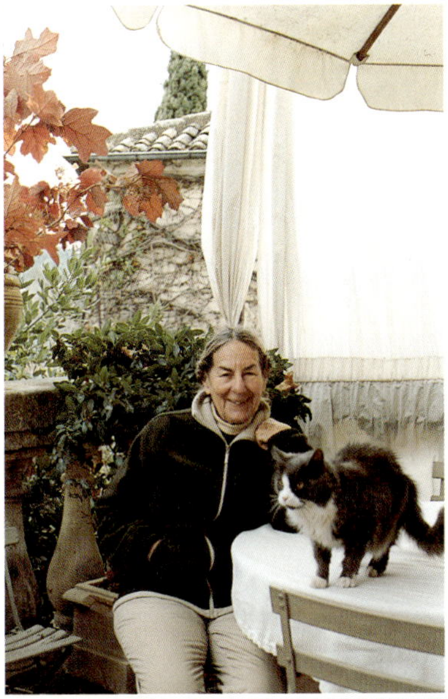

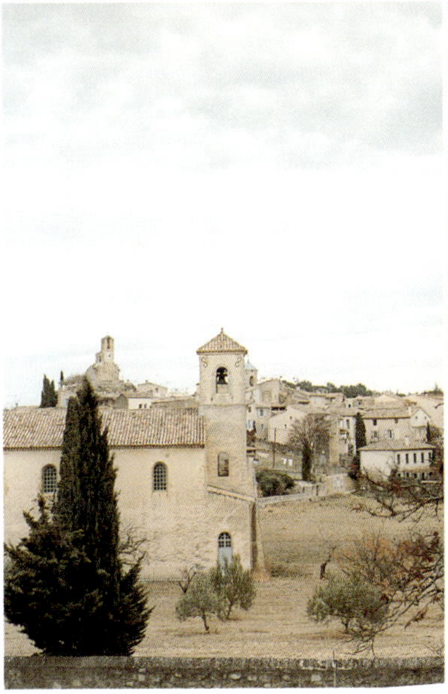

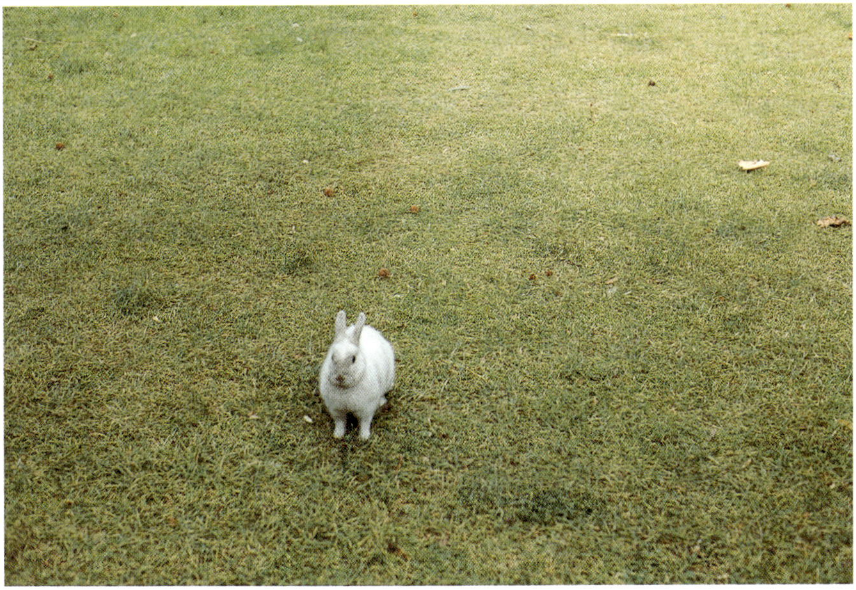

朝食

Petit déjeuner

ベルギーの有名なリネンブランド「LIBECO(リベコ)」の
リネンクロスを6枚使って、はぎ合わせたテーブルクロ
ス。もともとリネンクロスの端にあったブルーのストラ
イプを生かして作りました。さわやかな朝食のセッティ
ングにぴったり。サイズは120cm×182cm。

24　6枚のリネンクロスを使ったテーブルクロス　作り方 P.96

この大きなマルチカバーは、10cm角の正方形のリネンを、一つ一つ手で縫い合わせたもの。紺の水玉リネンと、白のリネンを交互にパッチワークして、キルト芯をはさんで仕上げています。アンティークっぽい風合いを出すために、作ってから紅茶で淡く染めてみました。ネイビーと白の配色なので、左のテーブルクロスと並べて使っても。マルチカバーのサイズは110cm×140cm。

25 マルチカバー 作り方 P.94

ベッドリネン
Bonne nuit

ルールマランのシャンブルドットのベッドルームは、ラベンダーの香りに包まれていました。ベッドリネンもラベンダー色に統一。直接肌に当たるコンフォーターケースの裏布には、柔らかいコットンのラベンダーのストライプを2枚はいで使っています。

26　クッションカバー2点　作り方 P.97
27　リボンで結ぶコンフォーターケース　作り方 P.98

読書の時間

Temps de lecture

ブランケットとブックカバー。旅の間の眠れない夜には、本とブランケットは大切な友だちです。ブランケットを肩にかけて、ぼんやりと天窓を見上げてみると、満天の星。明日もいいお天気になりそうです。

28 ブランケット 作り方 P.100
29 ブックカバー 作り方 P.101

ルールマランの素敵な雑貨屋さん

南仏生まれの雑貨屋さん

コテ・バスティッド
Côte Bastide

3,rue du grand pré 84160 Lourmarin
☎04・90・08・57・92
営／10:30〜13:00　14:30〜19:00
（7〜8月10:30〜13:00　15:00〜19:30）
休／火曜（6月中旬〜10月、12月）　月・火・水曜（4月中旬〜6月中旬、11月）
1月中旬〜4月中旬

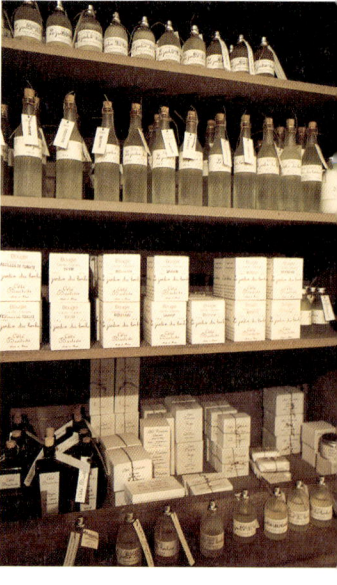

バスケア用品で有名なコテ・バスティッドは、ここプロヴァンスのルールマランが発祥の地。昔の大きな館の一部を改装して建てられたという本店は、まるで修道院のような厳かな雰囲気が漂っています。ショールームも兼ねたこのお店には、白と麻色で統一されたベッドルームやテーブルセッティングが広がり、そのシックで洗練された世界に思わず魅了されます。石けんやキャンドル、ルームスプレーなどのバス製品は25種類もの香りがあり、選ぶのにもひと苦労。

左はLin（リネン）という名の、オード・トワレ。右はCoton（コットン）という名のキャンドル。どちらも布地の名前がついておもしろい。

こちらもLin（リネン）という名のバスソルト。コットンのガーゼに包まれていて、ポプリとして使うこともできます。

刺しゅうや布雑貨のお店
レ・クジーヌ・デ・リラ
Les Cousines des Lilas

6,Rue Henri de Savournin 84160 Lourmarin
☎04・90・68・84・03
営／10:00〜13:00　15:00〜19:00
（7〜8月10:00〜13:00　16:00〜19:00、
11月10:30〜12:30　15:00〜18:30）
休／水曜（3〜12月）　月・火・水・日曜（1〜2月）
www.lescousinesdelilas.com

アンティークの刺しゅうや布雑貨などを扱ったお店。オーナーのベラールさんは、昔のクロスやブラウスなどの刺しゅう作品やレースなどを、一つ一つていねいに補修して、バッグやポプリなど今の時代に使えるものに作り直しているそうです。ベラールさんが言うには、アンティークのクロスの刺しゅうは、昔、女性が嫁入り道具として自分のイニシャルを自分で刺しゅうしていたものだそう。その思いを大切にして、今の時代に蘇らせているベラールさんの姿にとても感動しました。

昔のクロスをリメイクして作った子供用(!?)のエプロン。ポケットにつけた赤いスカラップの刺しゅうがかわいい。

きれいな状態で売られている、刺しゅう入りのキッチンクロスのセット。品質もよく、パリで買うのに比べたらリーズナブルです。

旅の小物も手作りで

スーツケースの中に詰めてあるものは、手作りのルームシューズやバニティケース、小さな袋やポーチなど。自分の持ち物に合わせて、サイズを考えて用意ができるのも、手作りならでは。忘れていけないのは、小さなサシェを入れておくこと。中に入れたものがいい香りに包まれて、旅先のホテルの部屋の空気も柔らかくなります。旅が終わり、ずっと後になってスーツケースを不意に開けた時、その香りが旅で出会った人の笑顔や風景を思い出させてくれ、また違った楽しみになることも。最近のお気に入りはいちじくの香り。

1mでできる旅のセット

ふだんはレースなど似合わない私ですが、スーツケースの中
身は少しかわいく作ってみました。1mのリネンで、4つの
小物ができるよう工夫しています。内布には、ラベンダー色
のストライプ生地を使用。サシェはお好みの香りを。

30　フレンチレースのランジェリーケース　作り方 P.102
31　フレンチレースの巾着　作り方 P.102
32　フレンチレースのポーチ　作り方 P.102
33　サシェ　作り方 P.102

花柄のお泊まりセット

バニティケースやポーチは化粧品などの汚れがついたら簡単にふける、ビニールコーティングした布が便利です。四角いので、スーツケースにおさまりがいいのもポイント。旅の間は、ホテルの部屋の洗面台に、このまま置いて過ごします。

34 バニティケース 作り方 P.106

旅にはいつも、起毛した温かい花柄のアンダーウエアを持って
いきます。コットン100％なので肌にも優しい。上に着るものに
合わせて長さを変えたり、カットソー用のレースをつけたり、
自分に合ったインナーを工夫して作ってみてください。

35　キャミソール　作り方 P.108
36　ショーツ　作り方 P.108

機内の持ち物セット

パリまでのフライトは12時間前後と長いので、機内ではルームシューズにはき替えます。たまに、座っているのに疲れたら、これをはいて最後尾に行き窓の外を見ることも。飛行機は苦手だけれど、雲の上の景色は本当にきれい。このルームシューズのようなブルーの色をしています。

37 ルームシューズ 作り方 P.107

機内では、パリの地図や雑誌を見ながら計画を立てるのも楽しい時間です。バッグの右下につけたエッフェル塔のアップリケは、パリ行きのしるし。ポケットには、チケットやパスポートを入れて取り出しやすくしています。

38 キャンバストート　作り方 P.110

違う布で作ってみたら

この本で紹介している洋服や小物は、シンプルなデザインが多いので、自由に布を替えて作ることができます。
季節に合わせたり、その時の気分に合わせて、いろんな表情を楽しんでみてください。

ルームシューズ

C&Sハーフリネンコードレーン ブルー(P.54)

C&S圧縮ウール ブラックウォッチ

夏は、素足にさらさらとした感触が気持ちよい、リネンやコットンのルームシューズを。冬は、ざっくりとした靴下にウールのルームシューズを合わせて、ぬくぬくとした暖かさを堪能。

ブラウス

やさしいリネン ホワイト(P.9)

C&Sフランネルツイル 杢グレー

リネンのブラウスのパターンを使って、少し起毛させたコットンのフランネルで冬用を作ってみました。無地だけでなく、リバティプリントなどの柄物の生地にもぴったりのデザイン。

縫い方をアレンジして

同じパターンでも、少しの工夫で違った楽しみ方ができます。
難しいな……と思ったところは無理せずに、簡単な縫い方に変えるのも、
ソーイングを楽しくする秘訣です。

子供のワンピース

ゴムシャーリングワンピース(P.17) → ギャザーワンピース

ゴムシャーリングが難しい時は、シャーリングを普通のギャザーに変えることもできます。ゴムシャーリングは清楚で優しい雰囲気、ギャザーは元気で活発なイメージがしませんか？

ギャザーワンピースの作り方……P.84

Part.3

神戸のお店と
布のおはなし

Histoire de la boutique
de Kobé et de tissus

お裁縫箱のような小さなお店

CHECK＆STRIPEの神戸の店は、'06年の7月7日にOPENしました。神戸の北野坂を上がって、左に少し入ったカトリック中央教会の前にあります。お店には小さなお子さんと手をつないだお母さんや、ふだんは遠く離れた場所に暮らす姉妹が揃って生地を選びにいらしたり、時には若い女の子がボーイフレンドと連れだって来られたり……。お客様はさまざまですが、皆さんに共通していることがあります。それは、布を見ている時、とても優しい表情をされていることです。

1 ボタンは、古いパリのクチュリエで使われていたものや、お店のオリジナル、パリの現行品など。その昔パリの手芸店で使われていたという、アンティークのビンに入れています。
2 棚の上に置いているのはさまざまなモチーフの小さなアップリケ。お子さんに見せてあげると、目がキラキラと輝きます。男の子には車とキリン、女の子にはサクランボとりんごが人気。

布屋を始めたころ、「私ってそんなにおもしろいキャラなのかな?」と思ったことがありました。店に来られる皆さんがとても楽しそうな笑顔をされているからです。でも、それは勘違いのようでした。私ではなく、布がお客様の笑顔を作っているようなのです。布には不思議な力があって、それを手にすると、作ってあげたい大切な人のことを思い浮かべるようです。私は私で、お客様のうれしそうな様子を、この店で眺めていると、とても幸せな気持ちになります。

毎日の花　　　　　　　　　　　伝票　　　　　　　　　　　マスコットの
　　　　　　　　　　　　　　　　　　　　　　　　　　　　ぬいぐるみ

CHECK&STRIPEの布は控えめな色のものが多いので、店のディスプレイはおとなしくなりがち。だから必ず季節のお花を絶やさないようにしています。今日は、リネンとダンガリーのさわやかなイメージに合う、白とグリーンの花でアレンジしてみました。

お客様のオーダーを伺ったら、間違えないように、まずこの紙に書いて、布をカットしていきます。会計がすんだら、パリのカフェのようにラフに伝票を刺します。伝票が紛失することもなく、とても便利。

店の一角には、オリジナルの着せ替え人形を置いています。洋服のクロゼットの上にいるのは、少しおてんばのマーガレット。ベッドで寝ているのは、はにかみ屋さんのケイト。お子さんが、時々布団をかけて、優しくなでてくれます。

お店の看板犬(!?)
らぶ郎とネル

夕方に灯すキャンドル

ホームページでは時々登場して
いるらぶ郎とネル。ふだんは家
でお留守番をしていますが、時
時店に来て、外で「まねき犬」
をしています。お客様に遊んで
もらうと、しっぽをうれしそう
に振っています。

日が暮れて少し暗くなってきたころ、窓辺に
キャンドルを灯します。これは、坂を上が
って来られたお客様に、やすらいだ気持ちにな
っていただけたら、と始めたことです。雨の
日はさわやかな柑橘系の香りを、お子さんが
多い休みの日は、甘いカフェの香りなど、日
によって使い分けています。

布の成り立ち

昔ながらの手法で布を織る職人のおじいちゃん

CHECK&STRIPEの布は、さまざまなところで作られています。日本では、ウールは愛知県の尾州、リネンは新潟、インディゴ物は岡山で、ハーフリネンやコットンの多くは、私が小さなころを過ごした兵庫県の西脇市で織られています。

この西脇市の小さな機屋(はたや)さんでは、60年前から使われてきた古い力織機(りきしょっき)で布を織っています。10台もの力織機をひとりで動かしているおじいちゃんは、'32年生まれ。55年もの間、ずっと布を織ってこられました。力織機は1日に30mしか織ることができず、効率が悪いこともあり、機械の数やそれを扱える技術を持つ人もだんだん少なくなっています。でも、力織機は人が手をかけながら時間をかけてゆっくりと織る分、布の表面にふわっと柔らかい風合いが生まれ、今の高速織機で織ったようなきっちりとした硬さはなく、味のある、魅力的な布に仕上がります。

1 力織機　CHECK&STRIPEオリジナルのハーフリネンすみれを織っているところ。
2 布のミミ　この工場でこれまで作っていただいたCHECK&STRIPEの布たち。ミミにフリンジのようなふさふさした糸が出ていなくて、まっすぐに織られているのが、力織機で織られたしるし。同じ太さ、同じ色で、織ったとしても、高速織機とは違った風合いになるのが不思議。
3 古い機械　タイプライターのような機械で、織りの模様を設計しています。
4 大切なノート　この古いノートには、これまで織った布の糸の番手や染め、材質などを忘れないように書きとめてあります。

時々職人さんに電話をすると、早朝でも夜遅くでも、受話器の向こうから大きな織機の音が聞こえます。私は小さなころから、この音を聞いて育ってきました。幼なじみの友だちの家の多くも、このような織物工場をしていたからです。かくれんぼもおにごっこも、この音を聞きながらでした。今では、実家の周辺を歩いていても、織機の音を聞くことがなくなってしまい、ちょっと寂しい気持ちがします。たくさんの方が、この古い織機で織った布を手に取り、大切に使ってくださるように、いつまでもこの音が絶えることのないように、布屋としてこれからも貢献できたらと考えています。

大きな加工場で最後の仕上げ

小さな工場で織った布は、大きな別の加工場に運び、仕上げの作業をします。実は糸には、織機にかける時に織りやすいように、余分なノリのようなものがついています。織り上げたばかりの布は「生機（きばた）」と言って、ぱりぱりしていて、手触りも硬く、そのままでは使うことができません。それを今度は工場に運んで、高温で

蒸し、洗い、乾燥、そして検品をして、やっと完成です。
一つの布が出来上がるまでには、たくさんの人の手がかかっています。最後は、さらさらと出来上がっていく布。触ってみると、ほんのり暖かいのです。出来上がったばかりの布が、きれいに並んでいます。

糸染めの話

この工場では糸の染めもしています。研究室のようなところで、あらかじめ色を調合して染色。染められた糸は、その後、またたくさんの工程を経て、織機にかけられるのです。

この本で使った布たち

P.9

1
C&Sやさしいリネン
ホワイト

リネン糸の中で、私たちが手に入れることのできる一番細い番手で織ったリネンです。柔らかく少し透け感のあるリネンです、洋服にした時に、花びらのような繊細な表情が生まれます。

P.15

6
C&S天竺ボーダー
ダークチェリー×きなり

5の色違い。フランスのバスクシャツのようにざっくり編んだボーダー生地です。ダークチェリーのような、落ち着いた中にもかわいらしさが出る赤の色にこだわりました。

P.11

2
C&Sやさしいリネン
木いちご

1の色違いです。"パリらしいネイビー"を考えた時に、マルシェで見かける木いちごが浮かびました。限りなく墨黒に近いネイビー……シックでとても微妙な色が生まれました。

P.15

7
C&S天竺デニム
ブルー

杢調のデニムのような色合いを出すために、染まる速さの違う2種類の綿をブレンドして天竺に編み上げ、その後、染めてデニムっぽく仕上げました。ジーンズ感覚で使え、色落ちがなく肌触りもいい。

P.13

3
C&Sフレンチフライス
グレイッシュピンク

フレンチフライスはパリのマカロンの色をイメージして作った布。「グレイッシュピンク」は、淡いピンクに少しグレーを混ぜたような色です。着ている人の肌がきれいに見えるピンクだと思います。

P.15・P.16

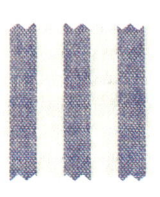

8
C&Sダブルガーゼストライプ
ブルー

肌に優しくするため、密度の濃いなめらかな織りにこだわり、最後に洗いをかけて柔らかく仕上げました。傷の手当てにも使うガーゼを2重に織ったものなので、保温性や通気性、吸水性に優れた布。

P.13

4
C&Sフレンチフライス
あずきミルク

「あずきミルク」も淡いブラウンとピンクの混ざったような微妙な色。フレンチフライスの中でも一番人気の色です。フライスは1目ゴム編みのようなニット地で、天竺より柔らかく伸縮性のある布。

P.16

9
C&Sコットンリネンのダブルガーゼ
ホワイト

コットンに少しリネンの糸を混ぜて織ることによって、リネンの持つシャリ感、シワ感を出しました。ダブルガーゼは保温性や通気性に優れているので、赤ちゃんに最適な素材です。

P.15

5
C&S天竺ボーダー
ネイビー×杢グレー

ネイビーとグレーの落ち着いた色同士は、ボーダーの中でも好きな組み合わせの一つ。このボーダー生地は、16番双糸を使って、ざっくり感を出しています。縫いやすく、洗っても丈夫な布。

P.17

10
C&Sギンガムチェック
ブラウン

細い番手の糸は、普通密度を詰めて織ることが多いのですが、わざと感覚をあけてゆるく織り、布に独特の柔らかさを出しました。洋服にするととても涼しくて、肌触りもよく、縫いやすい布です。

今回の作品用に選んだ布を全部並べてみると、少し地味だけど、私が気に入っているものばかりだということに、改めて気づきました。
特にオリジナルの布は、工場とのやり取りや、出来上がるまでのいろんなことを思い出して、より一層愛情が湧きました。

P. 17

11
C&Sストライプ
ブラウン

10の柄違い。先染め織物を織る時は、縦糸共通でできる模様を考えて、できるだけいろんなバリエーションを織るようにしています。ストライプとチェックを同じ布で作ると組み合わせも楽しい。

P. 19

16
C&Sフライス無地
チャコールグレー

チャコールグレーやネイビーなどのシンプルなフライスは、Tシャツやタートルなど、いろいろな洋服に使えます。どんなものにも合うので、必ず毎年紹介する定番の布です。

P. 17

12
リバティプリント
Patricia（パトリシア）

お店ではリバティ生地も扱っています。これは、リバティプリントの中でも好きな柄の一つ。小花柄のプリントは、パイピングやくるみボタンなど小さな部分に使うととてもかわいいと思います。

P. 19

17
C&S接結ポルカドット
グレー

接結とは2枚の布が合わさった布のこと。2枚の薄い天竺を合わせ、柔らかく肌触りのよい布に仕上げました。通気性や保温性にも優れていて、赤ちゃんからお年寄りまで、年齢を問わず使えます。

P. 18

13
C&Sギンガムチェック
サックス

10の色違い。水色にもいろいろとありますが、シックでさわやかな印象を与える上品なブルーに糸を染めました。夏のワンピースやブラウス、シャツなどにぴったりの色合いです。

P. 19

18
リバティプリント
Phobe（ホーブ）

花畑のようなラベンダーのプリント。リバティ生地は、ほんの少しの切れ端も捨てることができません。今回は残り布を使って、ぬいぐるみのバブーシュカとパンツの縁取りに使ってみました。

P. 18

14
C&S天竺
きなり

天竺はメリアス編みのようなニット地のこと。この布は洋服以外にも、人形の本体としてなど、さまざまな用途に使えます。少しソバカスっぽく仕上げ、生成りの素朴さを出してみました。

P. 19

19
C&Sフライス野の花
きなりにラベンダー

フライスに起毛をかけることによって、より手触りが優しく暖かくなりました。「野の花」という名前のように可憐な花柄に仕上がったと思います。カットソーやインナーに最適の生地です。

P. 18・P. 57

15
C&Sアイリッシュリネン
小さなお花 ホワイト

パリのノミの市でよく見かけるような、昔ながらの小花柄をイメージしてアイリッシュリネンにプリントした布。リネンやデニムと組み合わせたり、バッグの裏、人形の服などにも重宝します。

P. 19

20
C&Sストレッチカットソー
ギンガム起毛 赤

寒い地方の子供の通学時に、暖かくて丈夫なスパッツ用の布があれば、と思い企画しました。少しポリウレタンを入れることで、ストレッチのきいた布ができます。起毛もさせて、より暖かくしました。

※布名のC&SとはCHECK&STRIPEオリジナルの略です。

P. 20

21
C&S水玉キルティング
ブラウン

キルティングのコート用に作った布です。コットンツイルのブラウンに白の水玉をプリント。ツイルは斜めに織られた布で、冬の季節感を出すため立体感を出しつつ、さらっとした仕上がりに。

P. 21

22
リバティプリント
Moon-moth（ムーンモス）

この本のワンピースのデザインを決めてから、神戸のスタッフたちとこの柄を選びました。紺系、茶系のコーディネートにも合う柄だと思っています。淡い抑えめのラベンダー色がパリっぽい印象。

P. 22・P.46

23
リネン
ベージュ

柔らかく"ぬめり感"のあるリネン。同じ布で150cm幅の幅広リネンもあります。洋服だけでなく雑貨にも使えるよう、厚過ぎず薄過ぎない質感を考え、たくさん作ることで価格を抑えています。

P. 23

24
C&Sヘリンボーン
リネンウール 黒

ヘリンボーンはニシンの骨に似ていることからつけられた名前。縦糸にリネン、横糸にウールを使い、素材の違ったもの同士を織ることによって、独特の色気のある布が出来上がりました。

P. 25

25
リネン
ウール

リネンとウールを約半分ずつ使って織ったリネンウールは、冬のトートバッグに最適。ウールだけだと重くなりがちですが、リネンを加えることによってカジュアルな風合いが生まれます。

P. 25

26
C&Sコットンラミー
ギンガムチェック アップルグリーン

力織機で織った布。リネンでなく、シャリ感のあるラミー麻を用いて、さらっとしてハリのある布に仕上げました。アップルグリーンはさわやかな色。シャツやお子さんの服にもかわいいと思います。

P. 27・P. 43・P. 45・P. 51

27
リネン
ホワイト

リネンベージュの色違い。CHECK&STRIPEが扱っているリネンの中でもロングセラーの商品です。青っぽい白ではなく、どんな色にも合う"温かみのある白"にこだわりました。

P. 27

28
C&Sリネンピンドット
ネイビーに白のピンドット

小さな水玉のピンドットリネンは、洋服だけでなく小物にも使える布。ピンドットは京都で「手捺染（てなせん）」という手法で色づけしています。最後は洗いをかけて柔らかい風合いを出しています。

P. 43

29
C&Sアイリッシュリネン水玉
ネイビー地にきなり

水玉を作る時はベースの色と水玉のちょうどいい間隔にこだわり、何度もプリントを繰り返して仕上げています。透明感のあるアイリッシュリネンを明るい紺に染めて、生成りのドットをプリント。

P. 44

30
C&Sハーフリネン
グレープ中

古い力織機で80歳近い職人のおじいちゃんが織った布。グレープ色のギンガムチェックはフランスのリネン糸を使っています。雑貨に洋服に、と活躍するCHECK&STRIPEの定番の布です。

P. 44

31
フレンチアンティークフラワー
ブルーにラベンダー

ファッションブランドのNIMES、青山の雑貨屋さんのオルネ・ド・フォイユと共同で作った布。パリのアンティークの壁紙から柄を起こし、京都の「手捺染」という手法で、何度も色を重ねてできました。

P. 44

32
C&Sギンガムチェック
ラベンダー

10の色違い。お客様からとても人気のある紫系の色ですが、一歩間違うと下品な色になってしまうので色出しに注意します。糸の染めの時に「抑えたラベンダー色」にこだわりました。

P. 44〜45・P. 51

33
C&Sストライプ
ラベンダー

32をストライプにしたもの。チェックは、縦横の色糸が重なる部分が濃くなるので、ストライプのほうが少しだけ色の印象が薄くなります。インテリア小物にぴったりの生地です。

P. 54

39
C&Sリネン混
ダンガリー ホワイト

縦糸にコットン、横糸にハーフリネンの糸を織り込んだダンガリーは、最後の仕上げで「固仕上げ」をして独特のハリ感を出しています。洗うたびに柔らかくなり、お店でとても人気がある布です。

P. 46

34
C&Sヘリンボーンリネンウール
ブラウンベージュ

24の色違いです。この布は、布にこだわりのある人たちが認める、まさに「通好み」の布。コートやパンツ、ワンピースに、とCHECK&STRIPEのスタッフもいろんな洋服を作って愛用しています。

P. 55

40
C&S帆布
ネイビー

力織機で織った帆布。家庭用のミシンでも縫えるように、厚過ぎず、でも作品になった時にしっかり仕上がるように作りました。ネイビーの色もいろんな洋服に合うようにシックに染めています。

P. 46

35
C&Sウールフラワープリント
きなり

秋冬のコーディネートは地味になりがち。そんな時、生成りをベースにかわいい小花模様をプリントしたウールは、秋冬のコーディネートに大人のかわいさをプラスしてくれます。

P. 55

41
リネンストライプ
ブルー

ベルギーのリネン糸を使って新潟の工場で織っています。夏にきれいなブルーの服が着たくて、色にもこだわって作りました。光沢感もあり、洋服だけでなく雑貨にも使える上品なリネンです。

P. 52

36
C&Sアンティークフラワーコーティング
ホワイト

ベースの布は、ロンドンのアンティークの子供のガウンの花柄をもとに、CHECK&STRIPEらしく色づけをして、アイリッシュリネンにプリントしたもの。それをビニールコーティングしたぜいたくな布。

P. 56

42
C&S圧縮ウール
ブラックウォッチ

ウールをざっくりと160cm幅で織り、それを圧縮させて110cm幅にした布。厚手のウールは本来「紡毛糸（ぼうもうし）」を使いますが、あえて繊維の長い「梳毛糸（そもうし）」を使い肌触りのいいものに。

P. 53

37
C&Sフライス起毛フィオーレ
ブルー

パターンメッシュのフライスに起毛をかけて暖かさを出しました。花柄を極力淡く色づけして、優しい雰囲気を出しました。企画の段階で「もっと淡く……」と何度も描き直しをしてもらった柄。

P. 56

43
C&Sフランネルツイル
ネイビー

コットンをウールのような風合いに作ってみました。最初は起毛感が出ずに、何度もやり直してふわふわ感を出した布です。コットンなので子供の肌にも優しく、洗濯もしやすく便利。

P. 17・P. 54・P. 57

38
C&Sハーフリネンコードレーン
ブルー

力織機で織ったハーフリネンのコードレーン。細いコードが織り込まれたようなストライプはさわやかで、布を丈夫にもしています。繰り返し洗って使うことにより、リネンのシワ感も楽しめる布。

P. 56

44
C&Sフランネルツイル
杢グレー

43の色違い。杢調のグレーの糸は優しい色にこだわりました。グレーは一歩間違えると冷たい雰囲気になりがちなので、色には特に注意します。優しいグレーはトップスだけでなくボトムにも。

あとがき

1本だとすぐに切れてしまう細い糸。それが縦糸と横糸となって織られていくと、丈夫な布になっていくように、いろんな人との出会いの中でCHECK&STRIPEは育てられました。布として見た時には、とびきりかわいいものではなくても、洋服になった時に、その人をきれいに見せる、そして、いろんなものとコーディネートしやすい、そういう布を扱っていきたいとずっと考えてきました。デザイナーでもなく、作家でもない私ですが、ふだんのCHECK&STRIPEのBBS（webサイトのお客様の掲示板）や日々のお客様からのご意見が、この本を作る力となってくれました。フランスでの撮影では、交通ストに加えて、日が落ちるのも早く、撮影には悪条件が重なった中、カメラマンの新居さん、編集の岸山さん、パリのコーディネーターの今野さんが、全力を出してくださり、パリの空気感を十分に表現できたと思います。また透明感のあるかわいらしい本にデザインしてくださった藤崎さん、ルールマランの小さな宿のマダムBernadette、工場の取材でお世話になった西脇市の方々、そして大切なCHECK&STRIPEのスタッフたち。たくさんの方々のおかげでこの本が生まれました。この本をごらんになった方が、何かを作ってくださり、それが家族の思い出の一つになったり、誰かと誰かを結ぶお手伝いをしてくれたり、人を温めたり、笑顔を作ったり……そんなことが起こったらいいなぁ、と今はそんなうれしいことを想像しています。

CHECK&STRIPE　在田佳代子

web shop　CHECK&STRIPE　http://checkandstripe.com/

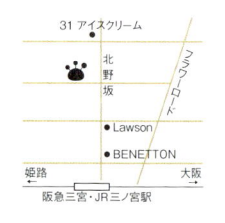

神戸直営本店
〒650-0003
兵庫県神戸市中央区山本通2の2の
7の103
TEL&FAX／078・904・7586
営業／10:00〜19:00　無休

mode de
réalisation

作り方

… 作り始める前に

* 大人はS・M・Lの3サイズ、子供は90・100・110・120・130cmの5サイズ展開です。サイズ表は、実物大型紙の表紙に載せていますので、それを参考にして近いサイズを選んでください。

* 裁ち合わせ図は、すべて大人がMサイズ、子供が110サイズの配置になっています。サイズが違うと、少し配置がズレるので注意してください。

* 直線だけの小物やひも類は、作り方のページに製図が載っているので、それを見て型紙を作るか、または布に直接線を引いて裁つ、直裁ちをおすすめします。

* ニット地を縫う時は、ミシン針と糸はニット用のものをおすすめします。特に横地同士を縫い合わせる時は、トレーシングペーパーなどの薄い紙を布の下に敷いてミシンをかけると、上手に縫えます。

* 出来上がり寸法の着丈は、肩の一番高い位置から裾まで測ったものです。

* イラスト中の数字の単位はcmです。

1 ラナンキュラスのブラウス

9PAGE

衿ぐりのギャザーが均一できれいに出るように、衿ぐりの出来上がり線をはさんで、ギャザーミシンを2本かけます。
*この作品は実物大型紙を使用して作ります。

出来上がり寸法
- S …… バスト112cm・着丈58.5cm
- M …… バスト116cm・着丈60cm
- L …… バスト121cm・着丈61.5cm

材料
[表布] やさしいリネン ホワイト
……110cm幅でS・M1m50cm、L1m60cm
接着芯……40cm×40cm

使用する型紙
後ろ身頃・前身頃・袖・後ろ衿ぐり布・前衿ぐり布

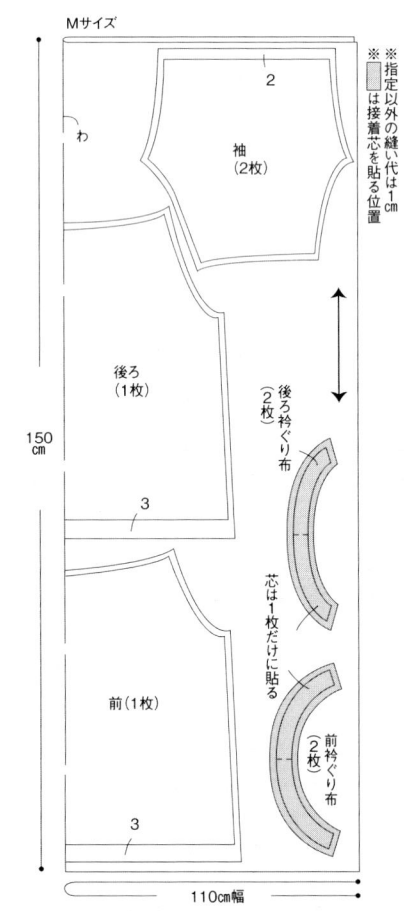

作り方

1. 脇を縫う。縫い代はジグザグミシンで始末して、前側へ倒しておく。

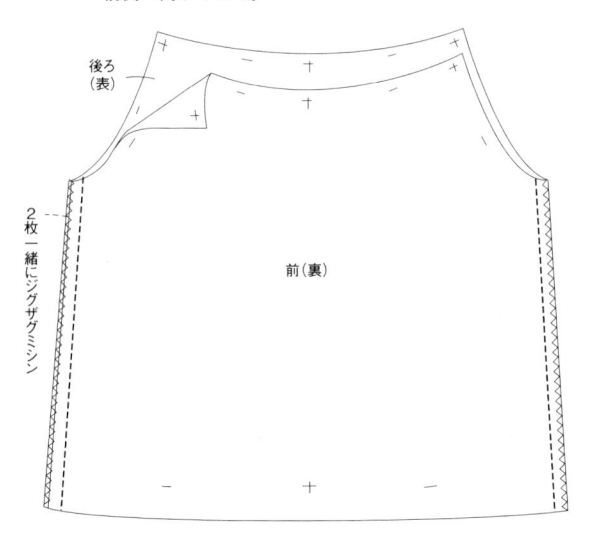

2. 裾を三つ折りにしてステッチで押さえる。

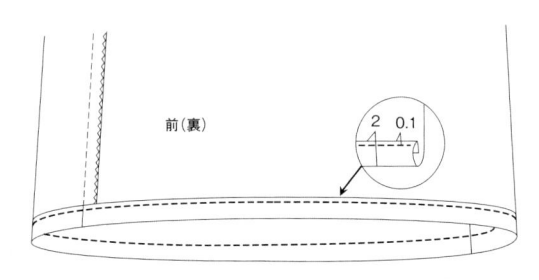

3. 袖下を縫う。縫い代はジグザグミシンで始末して前側へ倒し、袖口を三つ折りにしてステッチで押さえる。

[裁ち合わせ図] Mサイズ
※指定以外の縫い代は1cm
※ ▨ は接着芯を貼る位置
芯は1枚だけに貼る
110cm幅 / 150cm

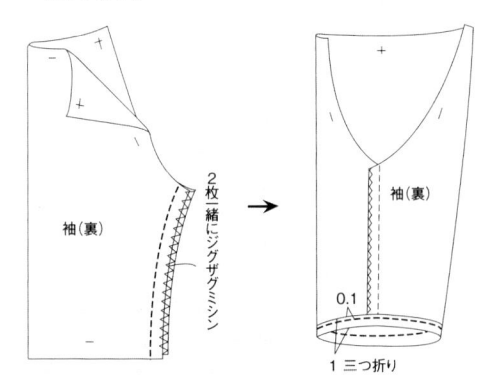

4　身頃と袖を中表に合わせて縫う。縫い代はジグザグミシンで始末して、袖側へ倒す。

2枚一緒にジグザグミシン
袖(裏)
前(裏)

5　衿ぐりの出来上がり線をはさんで、粗い針目のギャザーミシンを2本かける。

粗い針目でミシン
0.5
1
出来上がり線
前(表)

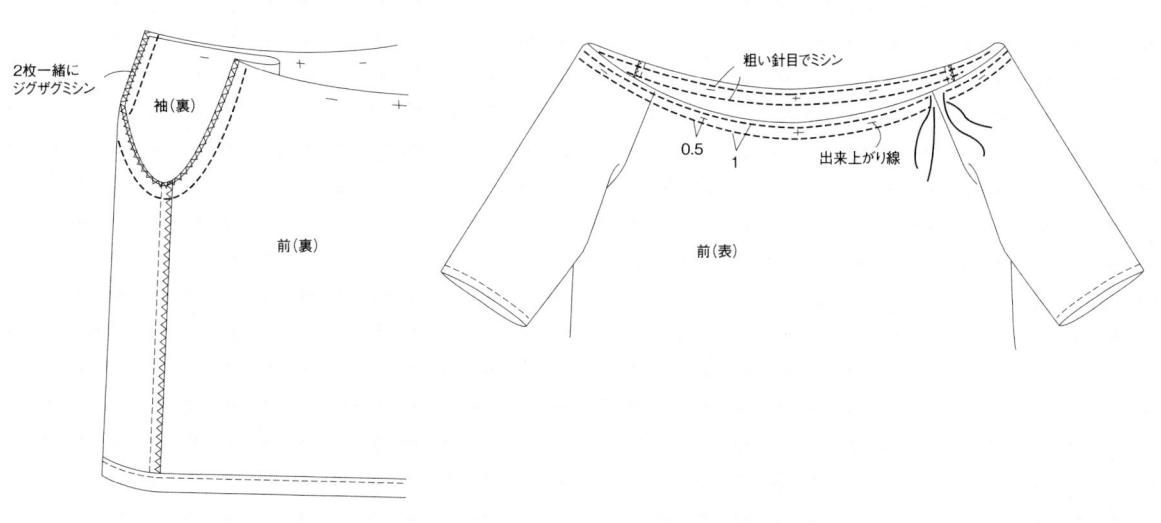

6　衿ぐり布の肩を縫う。衿ぐり側は出来上がりの印の1針先で縫い止め、縫い代は割っておく。

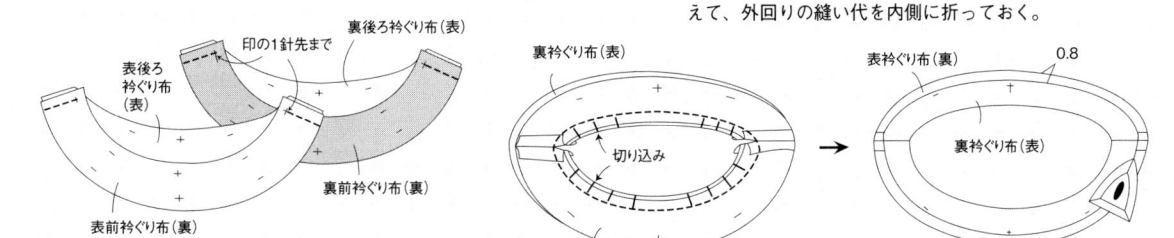

表後ろ衿ぐり布(表)
印の1針先まで
裏後ろ衿ぐり布(表)
表前衿ぐり布(裏)
裏前衿ぐり布(裏)

7　表衿ぐり布と裏衿ぐり布を中表に合わせて衿ぐりを縫い、縫い代に切り込みを入れて表に返す。裏衿ぐり布は表衿ぐり布の縫い代端から0.8cm控えて、外回りの縫い代を内側に折っておく。

裏衿ぐり布(表)
切り込み
表衿ぐり布(裏)
→
表衿ぐり布(裏)
0.8
裏衿ぐり布(表)

8　衿ぐり布をつける。身頃の衿ぐりのギャザーを寄せ、表衿ぐり布を身頃と中表に合わせて縫う。次に縫い代を衿ぐり布側へ倒し、裏衿ぐり布を縫い代にかぶせる。次に表からステッチをかけて、裏衿ぐり布を止める。最後にギャザーミシンの糸を抜く。

②表からステッチ
①中表に縫う
0.1

75

2 木いちごのワンピース

11PAGE

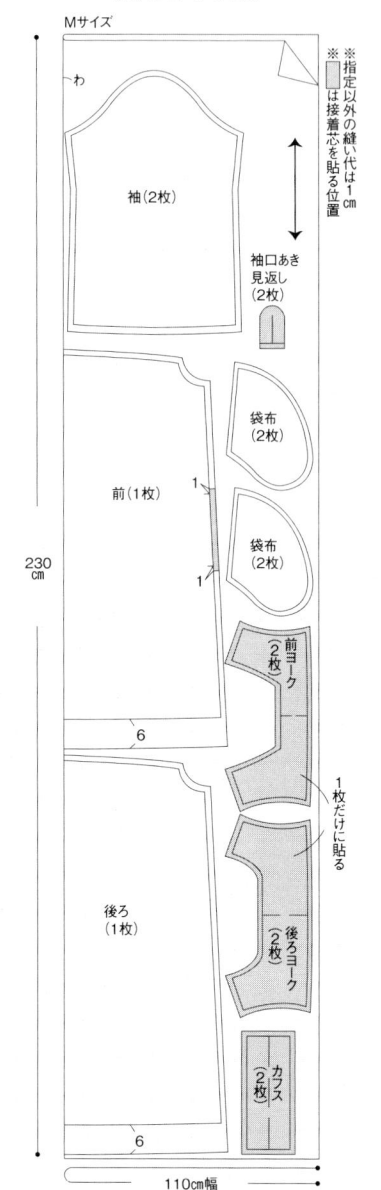

袖のカフスつけが難しい人は、あきを作らずにそのまま袖口にギャザーを寄せ、1cm幅の縁取り(長さは約23cm)で始末してもよいでしょう。その場合、カフス分(3.5cm)袖丈が短くなります。
*この作品は実物大型紙を使用して作ります。

出来上がり寸法

S ……バスト90cm・着丈89.5cm・袖丈56cm
M ……バスト94cm・着丈90cm・袖丈56.5cm
L ……バスト99cm・着丈91.5cm・袖丈57cm

使用する型紙

後ろ身頃・後ろヨーク・前身頃・前ヨーク・袖・カフス・袋布・袖口あき見返し

材料

[表布] やさしいリネン 木いちご
　…………………110cm幅でS・M2m30cm、L2m50cm
接着テープ ……… 1cm幅40cm
接着芯 ………… 90cm幅50cm
ボタン ………… φ1.2cm 4個

作り方

1 前後身頃と袋布の脇、袖下、袖口あき見返しにジグザグミシンをかける。前後身頃の上端の縫い代に粗い針目でギャザーミシンを2本かける。

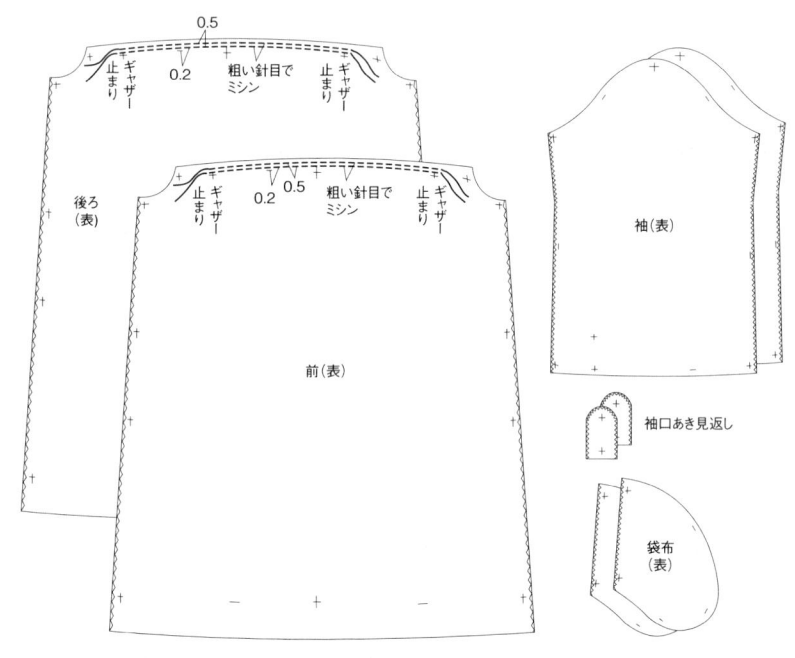

2 前ヨーク、後ろヨークの肩をそれぞれ縫い、縫い代を割る。表ヨークと裏ヨークを中表に合わせて衿ぐりを縫い、角の縫い代に切り込みを入れる。

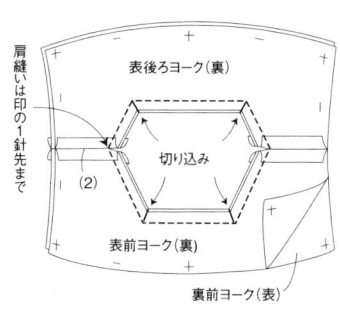

3 ヨークを表に返し、アイロンで整えてステッチをかける。

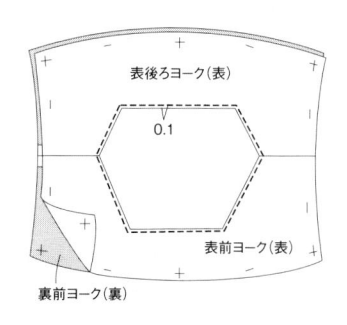

[裁ち合わせ図] Mサイズ
※指定以外の縫い代は1cm
※□は接着芯を貼る位置

4 前、後ろとも身頃のギャザーを寄せて、ヨークと縫い合わせる。縫い代をヨーク側に倒し、裏ヨークをよけてステッチをかける。次に裏ヨークをまつる。
5 ポケット口を残して脇を縫い、ポケットを作る（P.86参照）。
6 裾を三つ折りにしてステッチで押さえる。

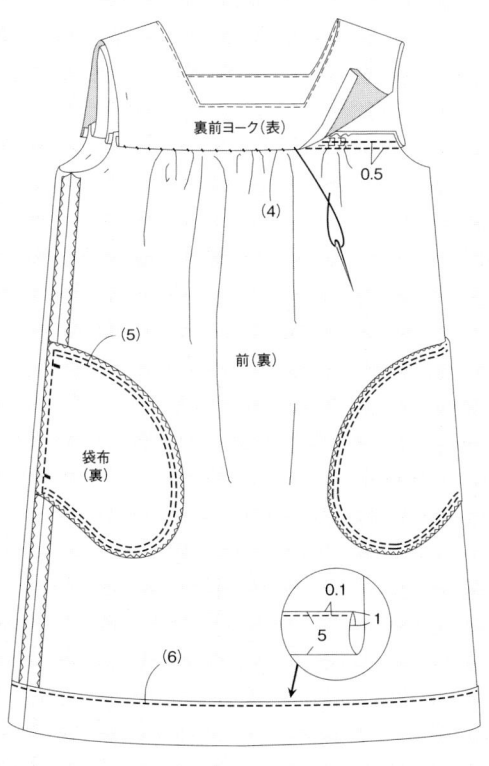

7 袖口のあきに袖口あき見返しを中表に合わせて縫い、切り込みを入れて袖の裏に返し、ステッチをかける。

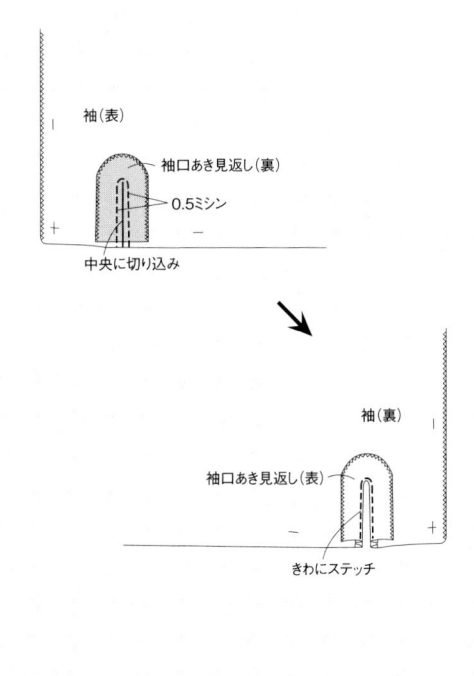

裏前ヨーク(表)
0.5
(4)
(5)
袋布(裏)
前(裏)
0.1
1
5
(6)

袖(表)
袖口あき見返し(裏)
0.5ミシン
中央に切り込み

袖(裏)
袖口あき見返し(表)
きわにステッチ

8 袖下を縫い、袖口にギャザーを寄せてカフスをつける。

9 袖をつける。縫い代は2枚一緒にジグザグミシンで始末する。
10 カフスにボタンホールを作り、ボタンをつける。

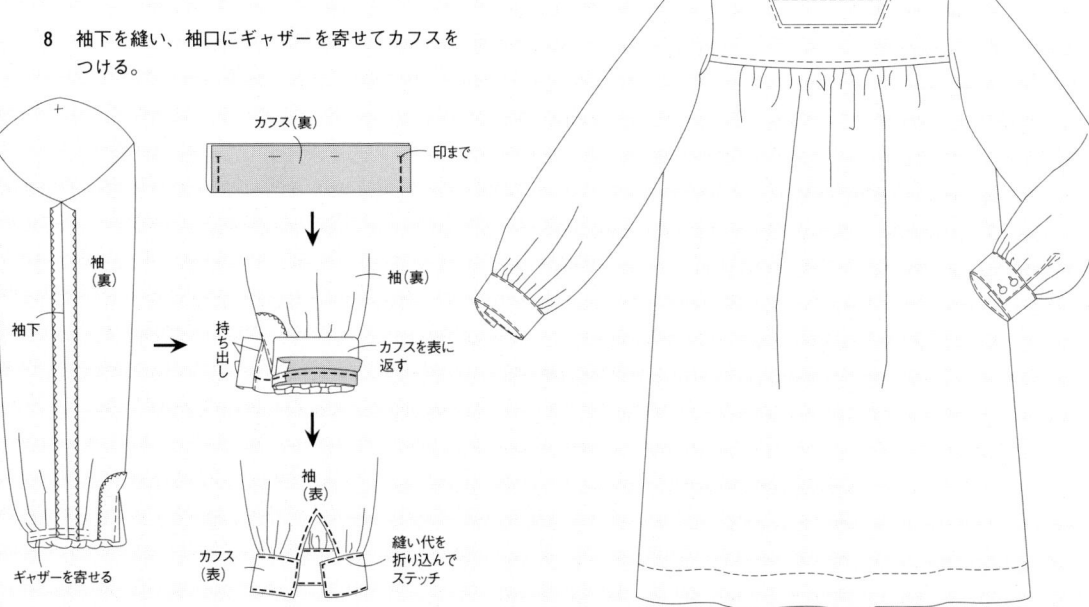

袖(裏)
袖下
カフス(裏)
印まで
袖(裏)
持ち出し
カフスを表に返す
袖(表)
カフス(表)
縫い代を折り込んでステッチ
ギャザーを寄せる

3　パフスリーブのフレンチカットソー（大人）
4　パフスリーブのフレンチカットソー（子供）

13PAGE

使用するフライスは伸びる生地なので、出来上がり寸法は小さめに設定しています。子供の90サイズは左肩にあきを作ります。
*この作品は実物大型紙を使用して作ります。

大人用の出来上がり寸法
- S ····· バスト76.8cm・着丈55cm・袖丈9.5cm
- M ····· バスト80cm・着丈55.5cm・袖丈10cm
- L ····· バスト84.8cm・着丈56.5cm・袖丈10.5cm

子供用の出来上がり寸法
- 90 ····· バスト52cm・着丈32.5cm・袖丈6.2cm
- 100 ····· バスト56cm・着丈36cm・袖丈6.5cm
- 110 ····· バスト60cm・着丈40cm・袖丈7cm
- 120 ····· バスト64cm・着丈43cm・袖丈7.5cm
- 130 ····· バスト68cm・着丈46.5cm・袖丈8cm

使用する型紙
- 大人用 ···· 前後身頃・袖・袖口布・衿ぐり布
- 子供用 ···· 前後身頃・袖・袖口布・衿ぐり布

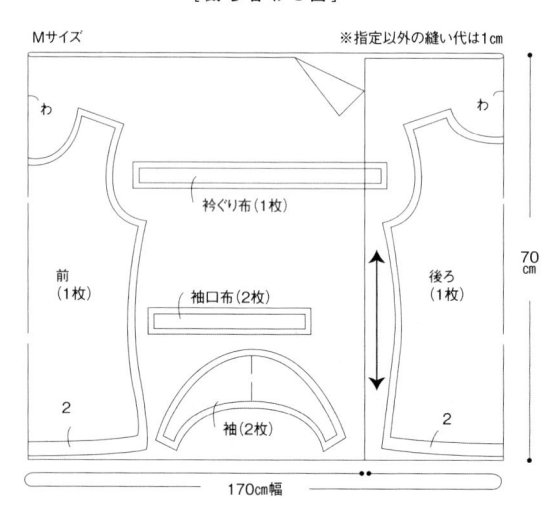

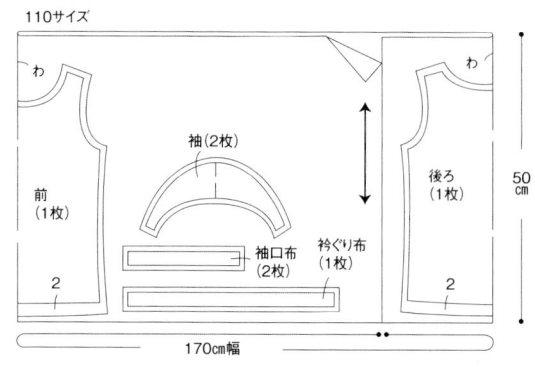

大人用の材料
[表布]C&Sフレンチフライス　グレイッシュピンク
　　················170cm幅でS60cm、M・L70cm
接着テープ ············1.5cm幅25cm
ニット用ミシン糸

子供用の材料
[表布]C&Sフレンチフライス　あずきミルク
　　················170cm幅で90・100は45cm、
　　　　　　　　110・120は50cm、130は55cm
接着テープ ············1.5cm幅15cm
接着芯（90サイズ） ·····少々
スナップ（90サイズ） ····1組
ニット用ミシン糸

作り方

1　後ろ身頃の肩が伸びないよう縫い代に接着テープを貼る。

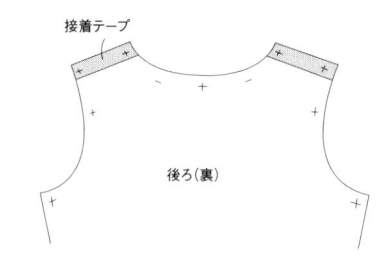

2　衿ぐり布と袖口布をそれぞれわに縫い、アイロンで半分に折っておく（子供90サイズの衿ぐり布は左肩あきのため、わにしないでおく）。

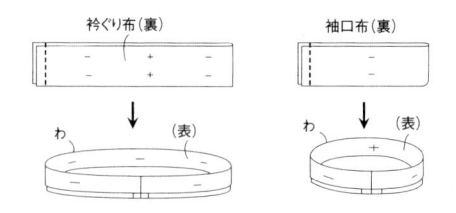

3　袖山、袖口の縫い代に、粗い針目でミシンを2本かけて、つけ寸法に合わせてギャザーを寄せる。

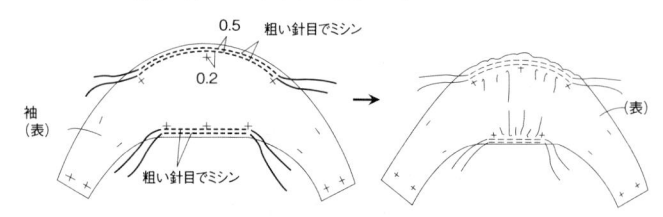

[裁ち合わせ図]
※指定以外の縫い代は1cm

4 肩を縫う。縫い代は2枚一緒にジグザグミシンで始末して、後ろ側に倒す。

5 左肩に衿ぐり布のはぎ目を合わせ、衿ぐり布の合印を身頃に合わせて、衿ぐり布を伸ばしながらミシンをかける。縫い代は3枚一緒にジグザグミシンで始末し、身頃側に倒してアイロンで整える。

6 袖をつける。縫い代はジグザグミシンで始末する。

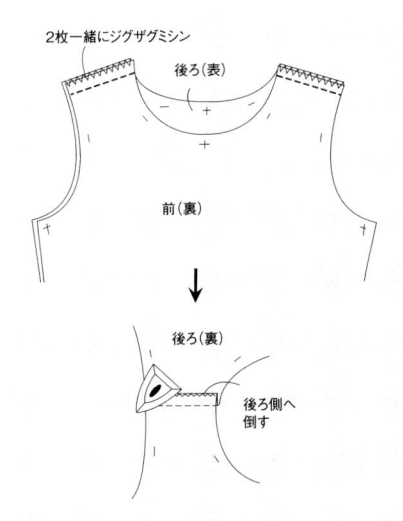

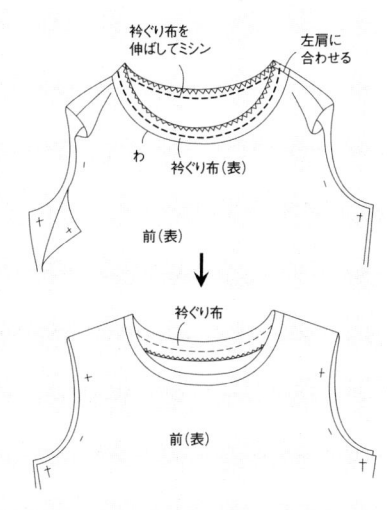

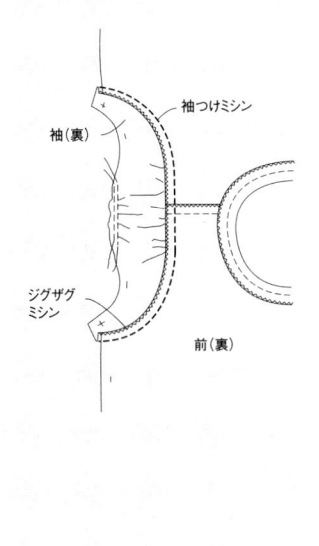

7 前後身頃を中表に合わせ、袖口〜裾までを続けて縫う。縫い代はジグザグミシンで始末し、前側に倒す。

8 衿ぐり布と同じ要領で袖口布を伸ばしながらつける。縫い代はジグザグミシンで始末し、袖側に倒してアイロンで整える。

9 裾の縫い代を折り上げ、ジグザグミシンでステッチして押さえる。

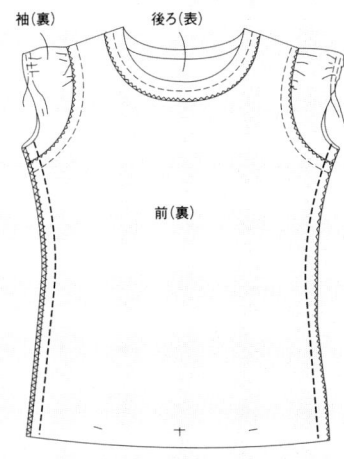

90サイズの左肩あきの作り方

① 左肩に1.5cmの縫い代をつけて裁ち、接着芯を貼る。

② 縫い代を折り、ステッチをかける。

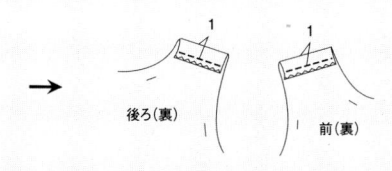

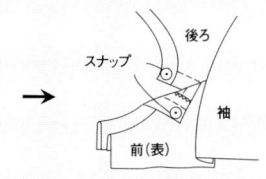

③ 袖つけの時は、持ち出し分を重ねて縫い、最後はスナップをつける。

※持ち出し……あきの部分につける重ね分のこと

5　ボーダーT（大人）
6　ボーダーT（子供）

15PAGE

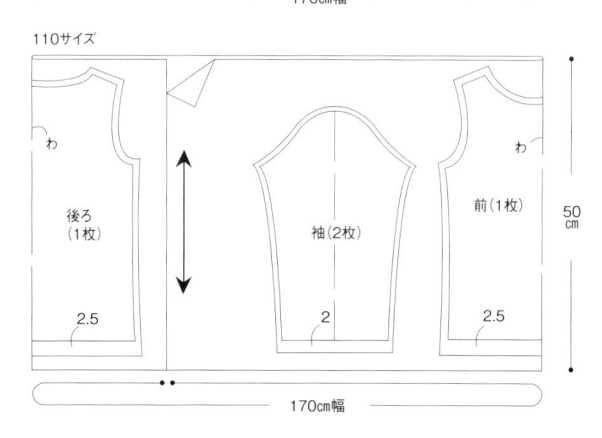

袖つけが簡単で、あとは袖口から裾まで一気に縫うだけのTシャツ。簡単なのにプロっぽい仕上がりに。子供の90サイズは左肩にあきを作ります。

＊この作品は実物大型紙を使用して作ります。

大人用の出来上がり寸法

- S …… バスト84cm・着丈56cm・袖丈57.5cm
- M …… バスト88cm・着丈56.5cm・袖丈58cm
- L …… バスト93cm・着丈57cm・袖丈58.5cm

子供用の出来上がり寸法

- 90 …… バスト58cm・着丈34.5cm・袖丈29.5cm
- 100 …… バスト62cm・着丈38cm・袖丈32.5cm
- 110 …… バスト66cm・着丈41.5cm・袖丈35.5cm
- 120 …… バスト70cm・着丈45cm・袖丈39cm
- 130 …… バスト74cm・着丈48.5cm・袖丈42.5cm

使用する型紙

- 大人用 …… 前後身頃・袖
- 子供用 …… 前後身頃・袖

大人用の材料

- [表布] C&S天竺ボーダー　ネイビー×杢グレー
  …………………170cm幅でS・M70cm、L75cm
- 接着テープ ……… 1.5cm幅25cm
- ニット用ミシン糸

子供用の材料

- [表布] C&S天竺ボーダー　ダークチェリー×きなり
  …………………170cm幅で90・100は45cm、
  　　　　　　　　110・120は50cm、130は55cm
- 接着テープ ……… 1.5cm幅15cm
- 接着芯（90サイズ）…少々
- スナップ（90サイズ）…1組
- ニット用ミシン糸

作り方

1　後ろ身頃の肩の縫い代に、伸び止めの接着テープを貼る。

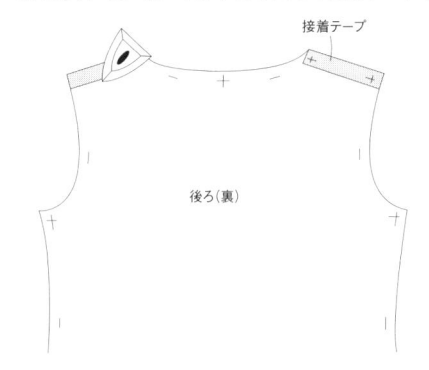

2　肩を中表に合わせて縫う。縫い代は2枚一緒にジグザグミシンで始末して、後ろへ倒す。

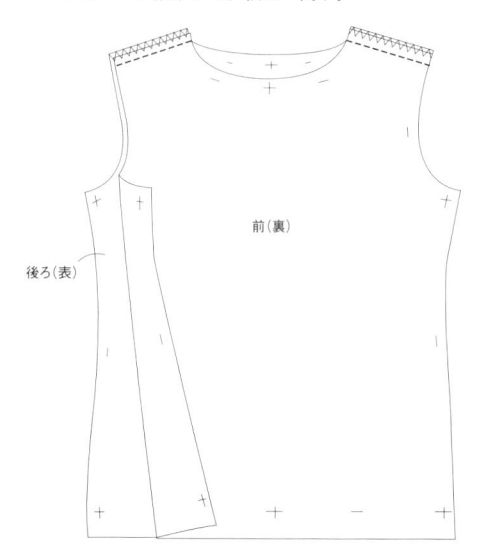

[裁ち合わせ図]　※指定以外の縫い代は1cm

Mサイズ
後ろ（1枚）／袖（2枚）／前（1枚）
3／2.5／3
70cm
170cm幅

110サイズ
後ろ（1枚）／袖（2枚）／前（1枚）
2.5／2／2.5
50cm
170cm幅

3 衿ぐりの縫い代を裏側に折り、ジグザグミシンでステッチして押さえる。

4 袖をつける。縫い代は2枚一緒にジグザグミシンで始末し、袖側に倒す。

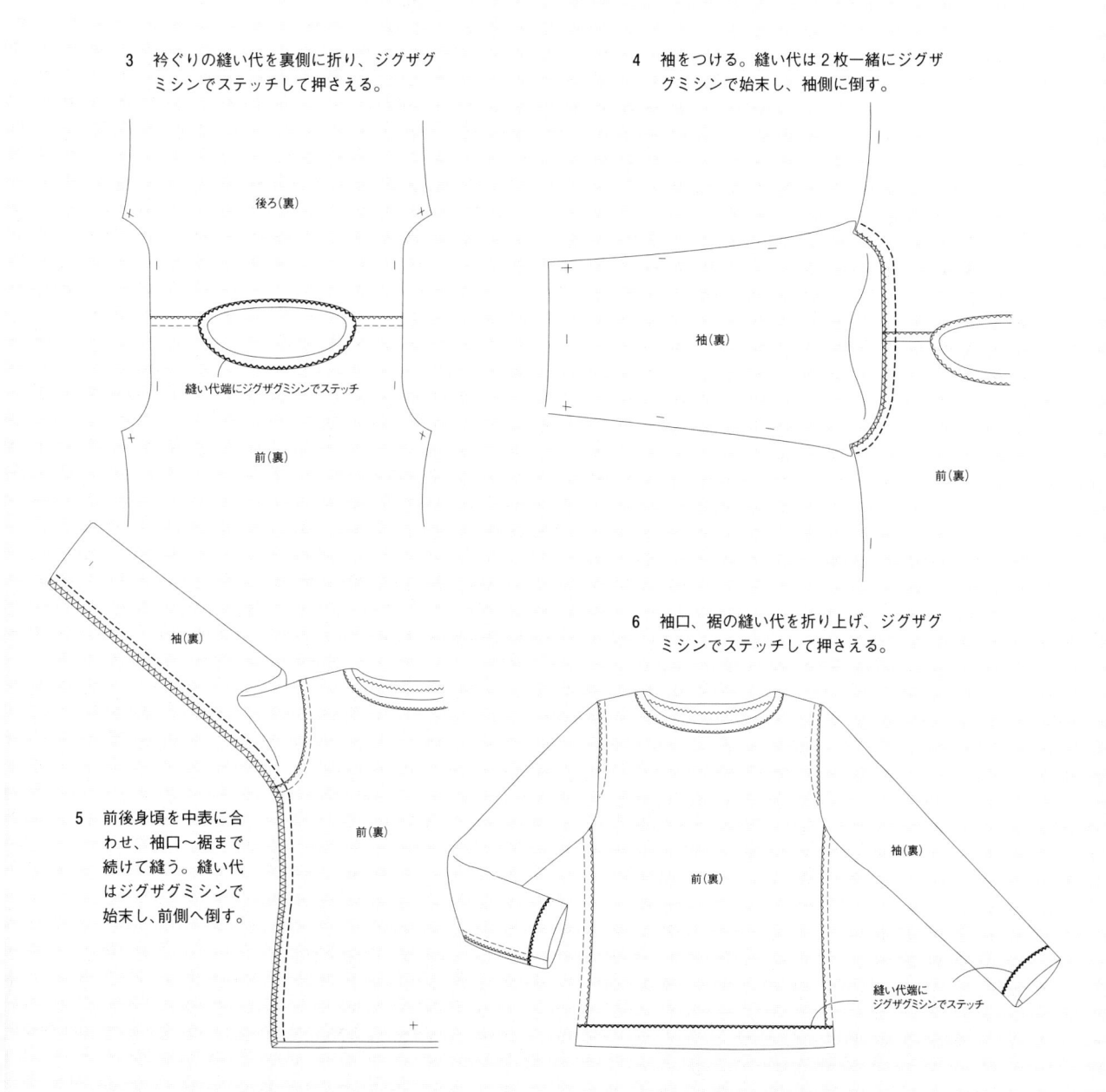

5 前後身頃を中表に合わせ、袖口〜裾まで続けて縫う。縫い代はジグザグミシンで始末し、前側へ倒す。

6 袖口、裾の縫い代を折り上げ、ジグザグミシンでステッチして押さえる。

90サイズの左肩あきの作り方

①左肩に1.5cmの縫い代をつけて裁ち、接着芯を貼り、ジグザグミシンをかける。

②肩の縫い代を中表に折って衿ぐり側を縫う。

③表に返して衿ぐり、肩の順にステッチをかける。

④袖つけの時は、持ち出し分を重ねて縫い、最後にスナップをつける。

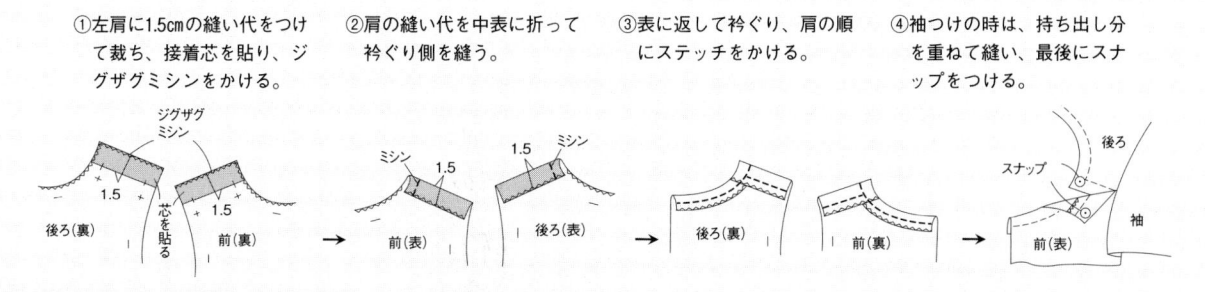

81

8 ダブルガーゼのヘンリーネックシャツ

16PAGE

ヘンリーネック部分が表見返しで始末できるようになっているので、面倒なテクニックがいらず、素早く簡単に作ることができます。

*この作品は実物大型紙を使用して作ります。

出来上がり寸法

- 90 …… バスト68cm・着丈41cm・袖丈22cm
- 100 …… バスト72cm・着丈45cm・袖丈24cm
- 110 …… バスト76cm・着丈49cm・袖丈26.5cm
- 120 …… バスト80cm・着丈53cm・袖丈29cm
- 130 …… バスト84cm・着丈57cm・袖丈31.5cm

材料

[表布]C&Sコットンリネンのダブルガーゼ ホワイト
………… 110cm幅で90は70cm、100は75cm、110は80cm、120は85cm、130は90cm
[別布]C&Sダブルガーゼストライプ ブルー
………… 50cm×25cm
薄手接着芯 …… 11cm×4cm
ボタン ……… φ1.3cm 5個

使用する型紙

後ろ身頃・前身頃・後ろ表見返し・前表見返し・袖・袋布

[裁ち合わせ図]

作り方

1. 前端の裾を中表に縫って表に返し、前端を三つ折りにしてステッチで押さえる。

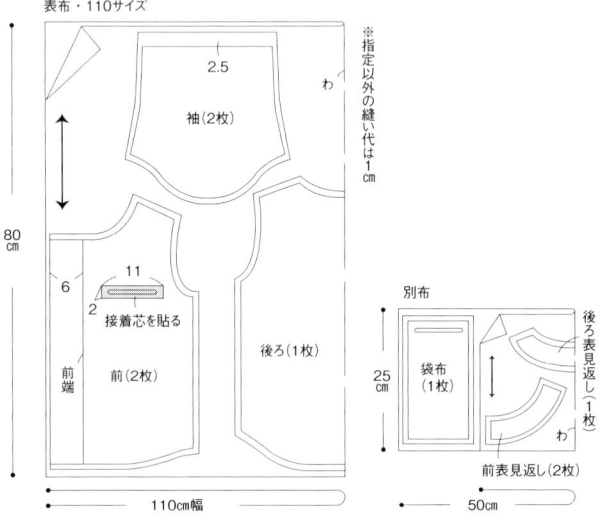

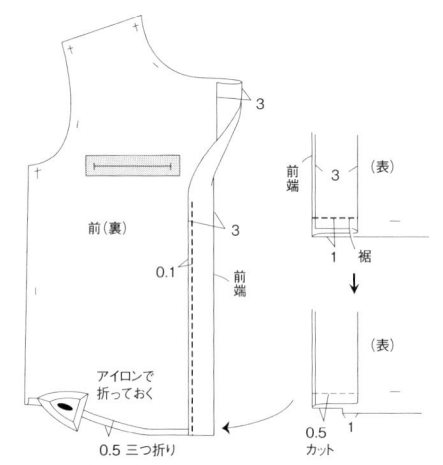

2. 左胸にポケットをつける。身頃の裏面ポケット口には接着芯を貼っておく。
   ①身頃と袋布を中表に合わせてポケット口に細かくミシンをかける。
   ②ポケット口中央に切り込みを入れる。
   ③切り込みから袋布を裏面に引き出してポケット口をアイロンで整えてステッチをかける。
   ④もう一度袋布を身頃の表面に引き出し、外表に折って周囲を0.4cmの縫い代で縫う。
   ⑤切り込みから再度身頃の裏面に引き出して整え、身頃から離して袋布の回りにミシンをかける。
   ⑥表からポケット口の両端に2～3回重ねて止めミシンをかける。

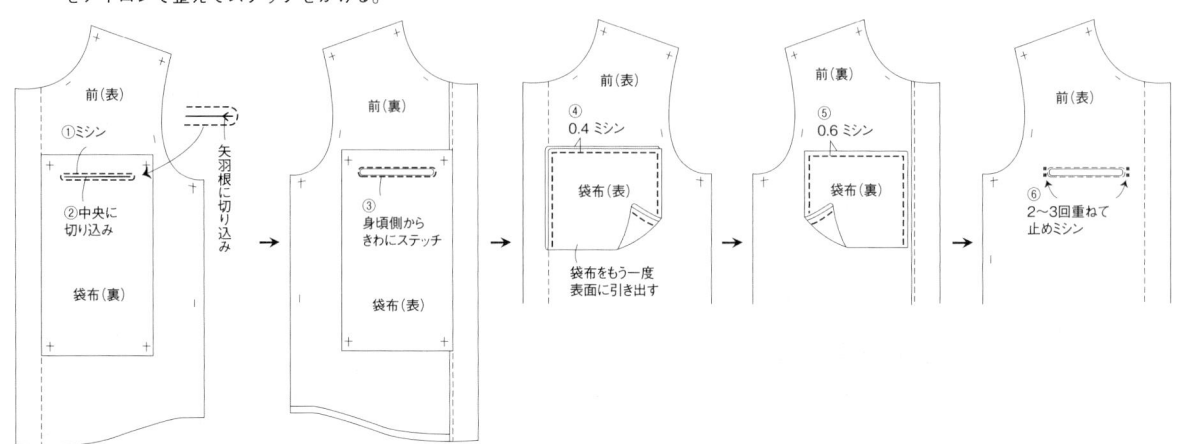

3 身頃、表見返しの肩をそれぞれ縫う。身頃の縫い代はジグザグミシンで始末して後ろ側へ倒す。表見返しは縫い代を割り、外回りの縫い代をアイロンで折っておく。

4 身頃衿ぐりの裏面に表見返しの表面を合わせて重ね、衿ぐりを縫う。縫い代に切り込みを入れ表に返し、アイロンで整えて、周囲にステッチをかける。

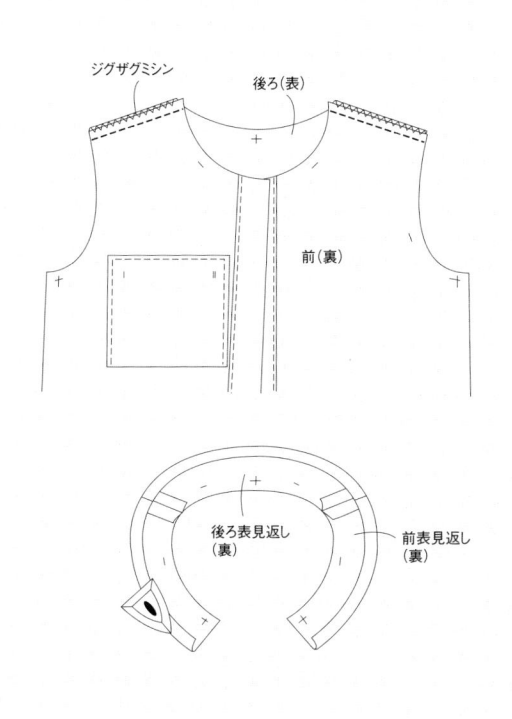

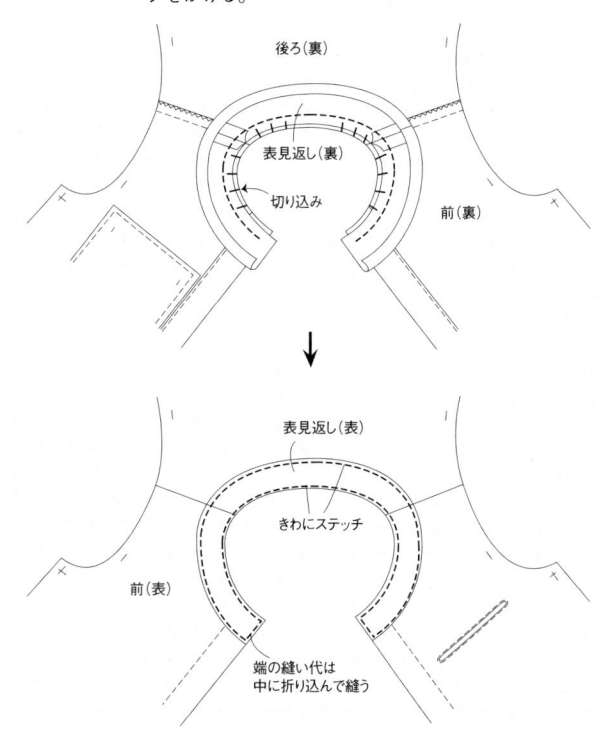

5 袖をつける。縫い代はジグザグミシンで始末して身頃側へ倒し、ステッチで押さえる。

6 前後の袖下と脇を中表に合わせ、袖口〜裾まで続けて縫う。縫い代はジグザグミシンで始末して前側に倒す。

7 袖口は1.5cm、裾は0.5cm幅の三つ折りにしてステッチで押さえる。

8 左前端にボタンホールを作り、右前にボタンをつける。

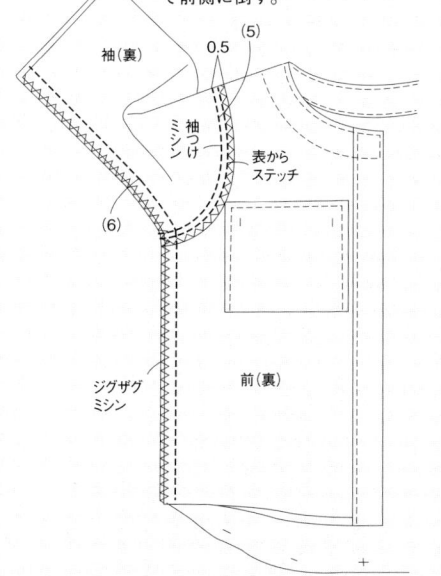

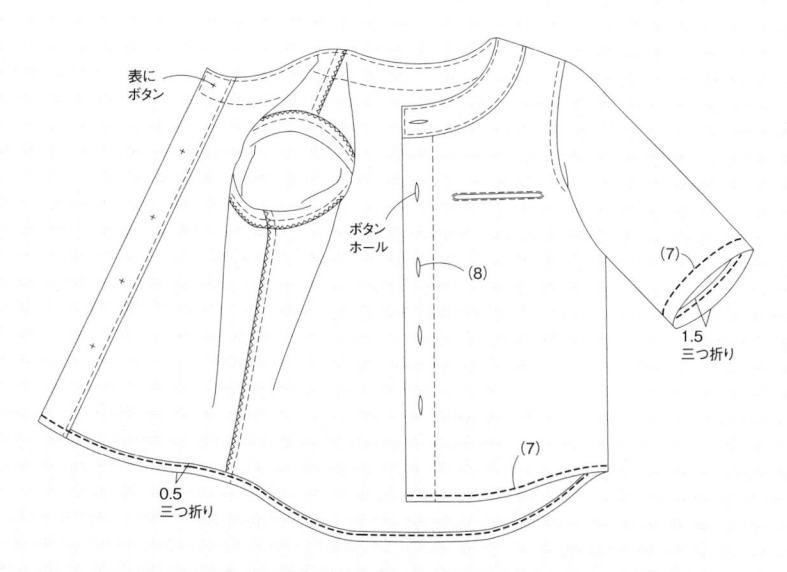

9 シャーリングワンピース(ギャザーワンピース)
10 バブーシュカ

17PAGE

胸もとのゴムシャーリングや両脇のポケットは、手順さえ覚えれば簡単に作ることができます。ぜひ挑戦してみてください。

*ワンピースは実物大型紙を使用して作ります。バブーシュカは実物大型紙がないので[製図]を見て作ります。

出来上がり寸法

- 90 …… バスト約61cm・着丈49cm
- 100 …… バスト約66cm・着丈54cm
- 110 …… バスト約70cm・着丈59cm
- 120 …… バスト約75cm・着丈65.5cm
- 130 …… バスト約79cm・着丈72cm

材料(シャーリングタイプ)

[表布]C&Sギンガムチェック ブラウン
…………… 110cm幅で90は95cm、100は1m、110は1m10cm、120は1m40cm、130は1m50cm

[別布A](バブーシュカ用)C&Sストライプ ブラウン
…………… 40cm×40cm

[別布B](バブーシュカのひも用)リバティプリント Patricia
…………… 110cm×10cm

接着芯 ……… 90cm幅60cm
ゴムテープ …… 0.3cm幅65cm
ボタン ……… φ1.1cm 6個
スナップ……… 1組

作り方ポイント(ギャザータイプ)

前身頃をゴムシャーリングせずに、ギャザーだけを寄せてヨークと縫い合わせます。それ以外は、すべてシャーリングタイプと同じ作り方です。

材料(ギャザータイプ)

[表布]C&Sハーフリネンコードレーン ブルー
…………… 110cm幅で90は1m10cm、100は1m15cm、110は1m20cm、120は1m50cm、130は1m60cm

[別布B](バブーシュカのひも用)C&Sアイリッシュリネン 小さなお花 ホワイト
…………… 110cm×10cm

接着芯 ……… 90cm幅60cm
ボタン ……… φ1.1cm 6個
スナップ……… 1組

使用する型紙

前身頃、後ろ身頃、前ヨーク、前見返し、後ろ見返し、袋布

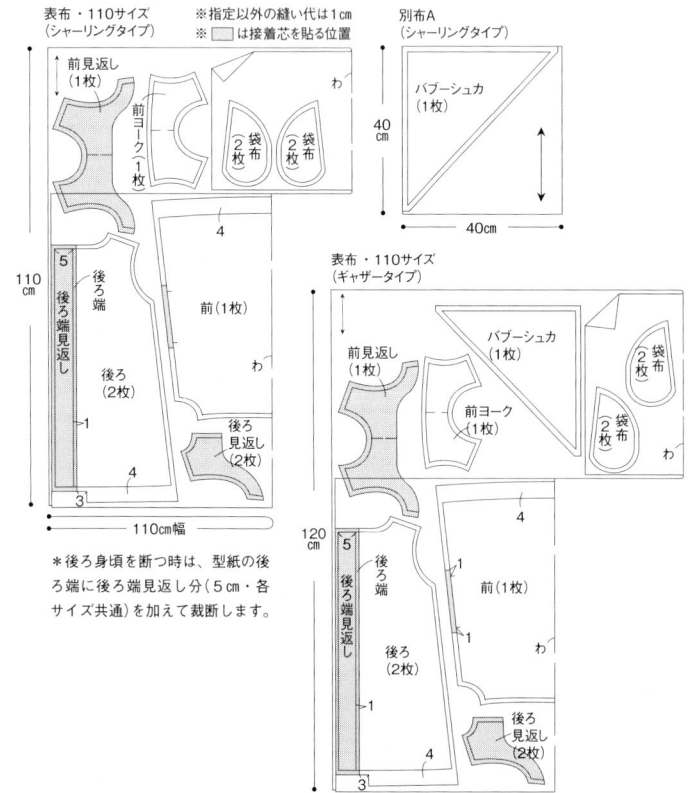

ワンピースの作り方

1 後ろ身頃の見返しの縫い代を折って、ミシンで押さえる。前後身頃の見返し端、脇縫い代、袋布口にジグザグミシンをかける。前身頃の上端の縫い代に粗い針目でギャザーミシンをかける。

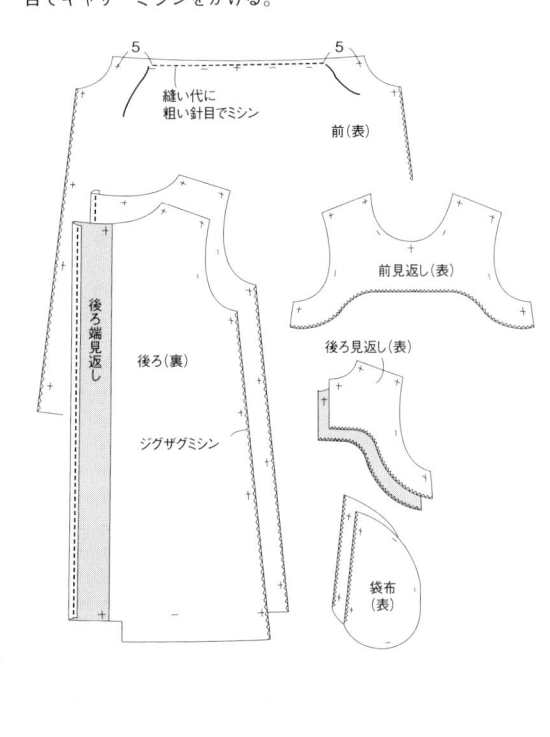

2 ゴムシャーリングをする。ゴムテープは、16cm（縮めたい寸法＋2cm）を4本用意し、ゴムテープと前身頃のシャーリング位置に合印をつける。身頃のつけ位置にゴムテープの端の印を合わせて、ミシンの押さえ金を下ろし、針を刺す。前中心の印に合わせてゴムテープを伸ばしながらミシンをかける。同じ要領で4本のゴムをつける。ゴムテープの端は0.5cmにカットし、折ってまつる。

3 ギャザーミシンの糸を引いて、ヨークの寸法に合わせて身頃を縮め、ヨークと合わせて縫う。縫い代はヨーク側に倒しておく。

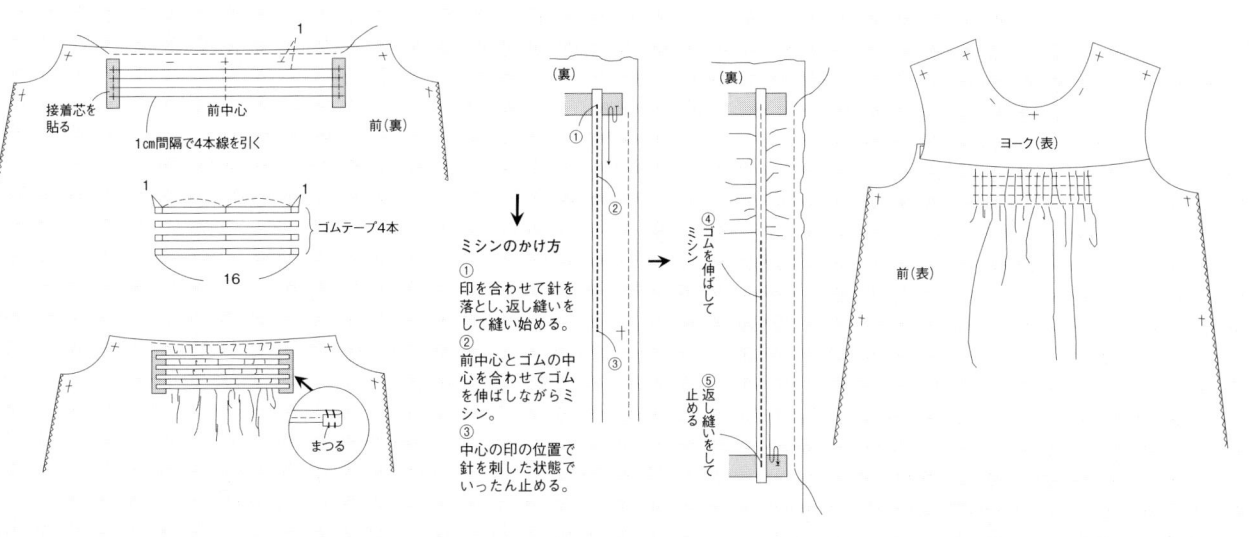

4 前後身頃の肩を縫い、縫い代を割る。見返しの肩も縫い、割る。
5 後ろ見返しに、後ろ端見返しを重ねてミシンで押さえる。
6 身頃と見返しを中表に合わせて、衿ぐり、袖ぐりを縫う。

7 前後身頃を中表に合わせ、ポケット口を残して、見返しまで続けて脇を縫う。縫い代は割る。

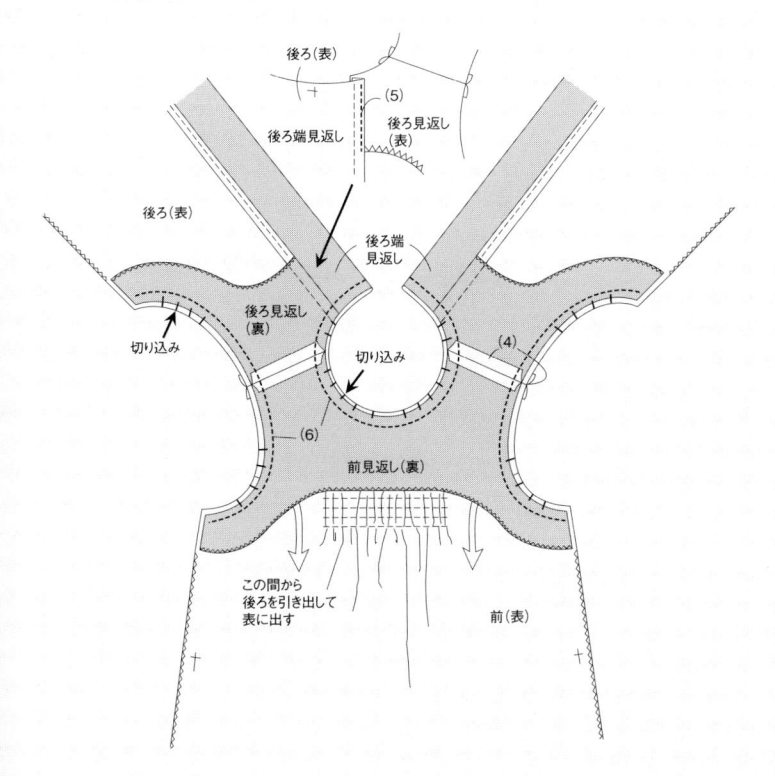

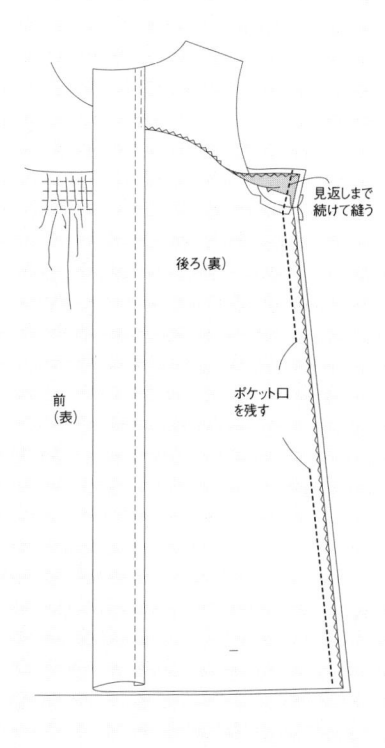

8 ポケットを作る。前ポケット口、後ろポケット口に袋布をつけてから2枚を合わせ、周囲にミシンをかけ縫い代にジグザグミシンをかける。最後に表からポケット口の上下に2〜3回重ねて止めミシンをかける。

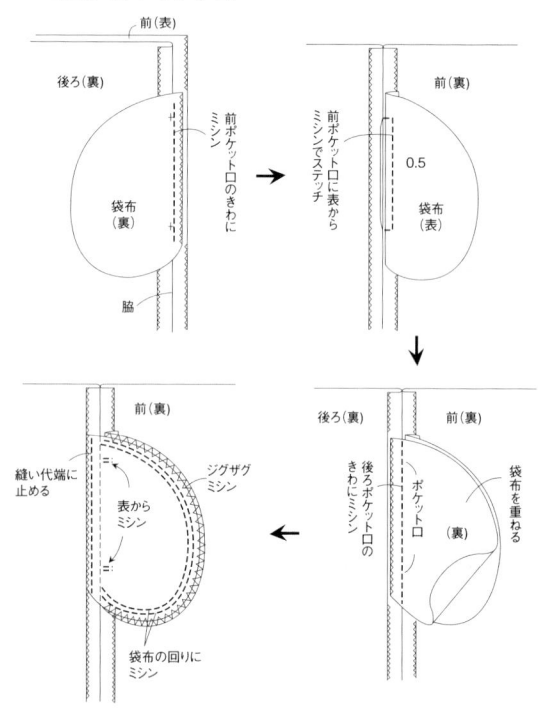

9 後ろ端見返しを中表に折り、裾にミシンをかけて表に返す。次に裾を三つ折りにし、裾〜後ろ端〜衿ぐりと続けてぐるっとミシンでステッチをかける。袖ぐり、前ヨークの切り替え線にもミシンをかける。

10 右後ろにボタンホールを作り、左後ろにボタンをつける。上端にスナップをつける。

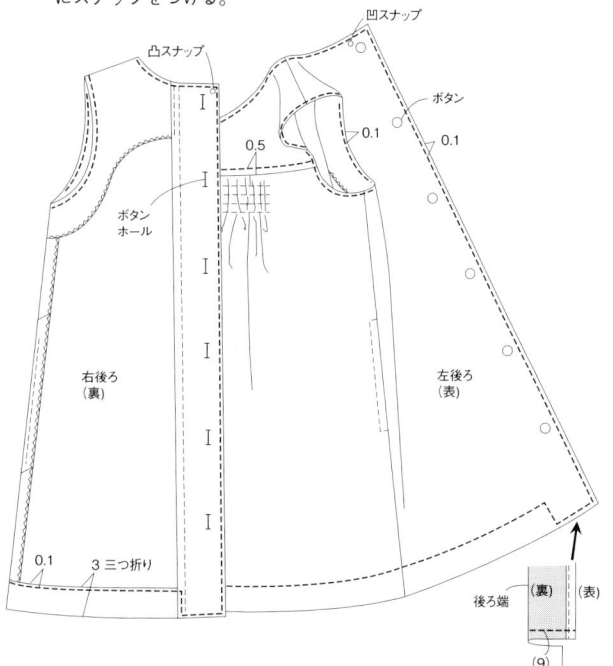

[バブーシュカの製図]

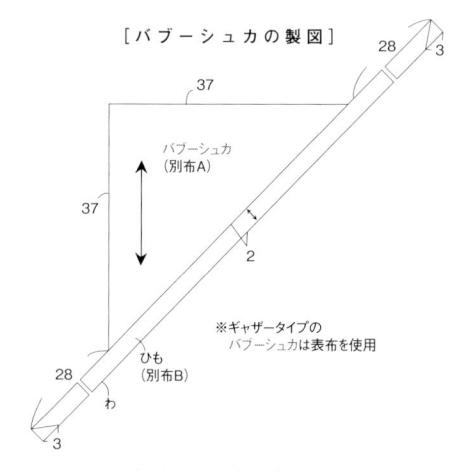

※ギャザータイプのバブーシュカは表布を使用

バブーシュカの作り方

1 ひもつけ側以外の二辺を三つ折りにしてミシンをかける。
2 ひもを中表に合わせて縫い、表に返す。
3 本体にひもを合わせて縫う。
4 3の縫い代をひもで包んで、裏側のひもの幅を2.2cmにアイロンで整える。表から落としミシンをかけて、裏側を止める。

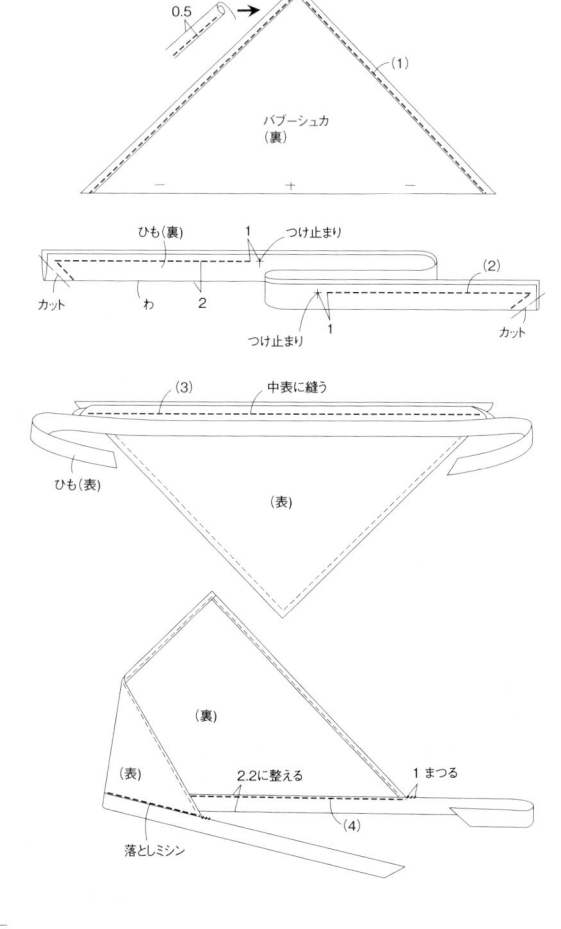

11 フレンチくま
13 くまのパンツa
15 くまのバブーシュカ
17 くまのワンピース

12 くまのエプロン
14 くまのスモックブラウス
16 くまのパンツb

18,19 PAGE

＊フレンチくまとパンツab、スモックブラウス、ワンピースは実物大型紙を使用して作ります。エプロンとバブーシュカは実物大型紙がないので図を見て作ります。

くまの着せ替えの服は、脱ぎ着しやすいように、カットソーなど伸縮性のある生地やレースを使います。また着せ替えの服は手縫いのほうが簡単にできます。くまを布帛で作る時は、カーブになった縫い代に切り込みを入れるときれいに仕上がります。

出来上がり寸法
フレンチくまの身長約18cm

材料
[11 フレンチくま]
C&S天竺 きなり(またはC&Sギンガムチェック サックス)‥‥‥‥ 60cm×20cm
リボン ‥‥‥‥ 0.8cm幅25cm
化繊綿 ‥‥‥‥ 適宜
5番刺しゅう糸 こげ茶
‥‥‥‥ 適宜

[12 エプロン]
C&Sアイリッシュリネン小さなお花 ホワイト
‥‥‥‥ 40cm×10cm
ピコレース ‥‥‥‥ 1cm幅25cm

[13 パンツa]
C&Sフライス無地 チャコールグレー
‥‥‥‥ 30cm×15cm
ゴムテープ ‥‥‥‥ 0.5cm幅15cm

[14 スモックブラウス]
C&S接結ポルカドット グレー
‥‥‥‥ 45cm×15cm
麻ひも ‥‥‥‥ 太さ0.1cmで30cm

[15 バブーシュカ]
リバティプリント Phobe
‥‥‥‥ 45cm×10cm

[16 パンツb]
C&Sフライス野の花 きなりにラベンダー
‥‥‥‥ 30cm×15cm
リバティプリント Phobe
‥‥‥‥ 20cm×4cm
ゴムテープ ‥‥‥‥ 0.5cm幅15cm

[17 ワンピース]
C&Sストレッチカットソーギンガム起毛 赤
‥‥‥‥ 25cm×15cm
ストレッチレース 1cm幅15cm

使用する型紙
11 フレンチくま ‥‥‥‥ 頭・顔・耳・胴・手・足
13 パンツa、16 パンツb ‥‥‥‥ 前後パンツ
14 スモックブラウス ‥‥‥‥ 前後身頃・袖
17 ワンピース ‥‥‥‥ 前身頃・後ろ身頃・ポケット

くまの作り方

1 周囲に0.5cmの縫い代をつけて各パーツを裁つ。
※胴、手、足は4枚のうち2枚を反転したパーツで裁つこと

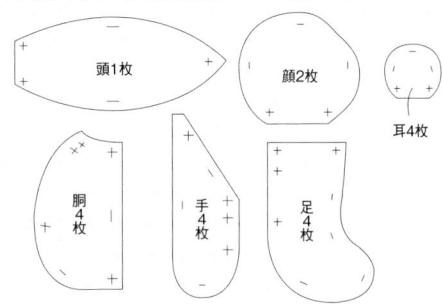

頭1枚 / 顔2枚 / 耳4枚 / 胴4枚 / 手4枚 / 足4枚

2 顔の前中心の合印から下を縫い、頭と縫い合わせる。

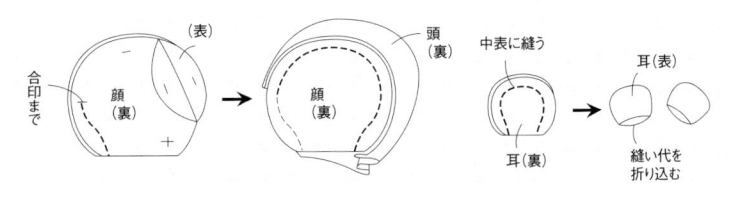

3 耳2枚を中表に合わせて外回りを縫い、表に返し、下端の縫い代を折り込む。2枚作る。

4 胴の前中心を縫って割る。

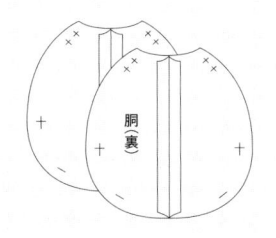

5 足2枚を中表に合わせ、綿詰め口と胴につける側を残して縫い、表に返す。前後中心の縫い目を合わせて口をとじるように縫い代側にしつけをかける。2本作る。

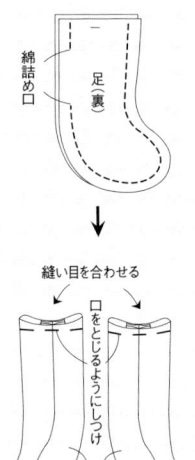

6 手2枚を中表に合わせ、綿詰め口と胴につける側を残して縫い、表に返す。2本作る。

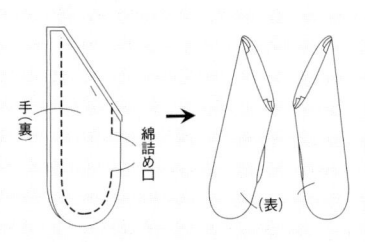

7 胴2枚を中表に合わせ、手と足をはさむ。首を残して外回りを縫い、表に返す。

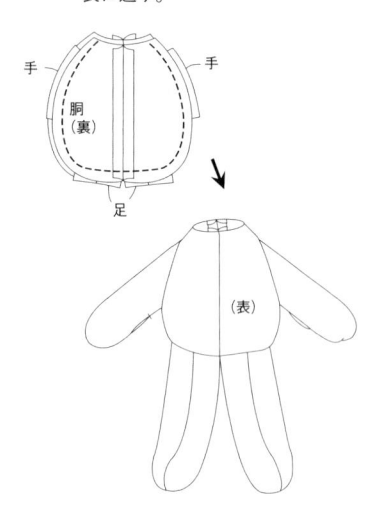

8 頭、胴、手、足にそれぞれ綿を詰める。手と足は詰め口をまつる。頭は首の縫い代にぐし縫いをして少し縮める。

9 胴の首の縫い代を折り、頭にまつりつける。全体のバランスを見て耳のつけ位置を決め、まつりつける。鼻、口、目を刺しゅうし、最後に首にリボンを結ぶ。

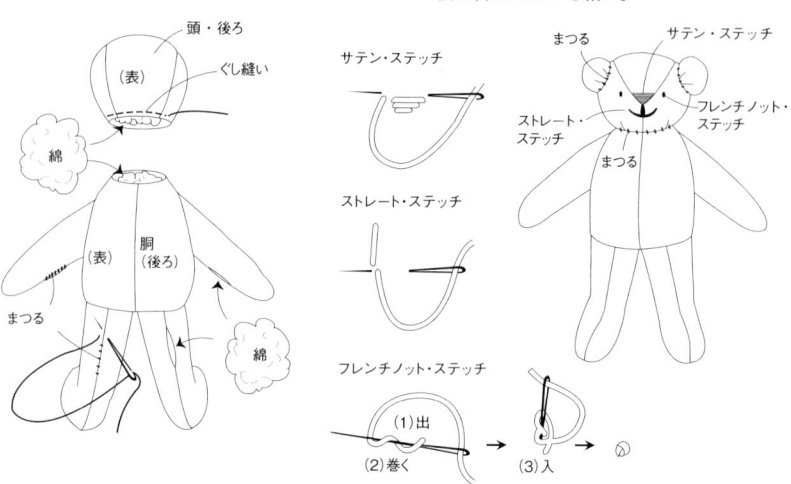

サテン・ステッチ
ストレート・ステッチ
フレンチノット・ステッチ
(1)出 (2)巻く (3)入

ワンピースの作り方

1 ポケットの周囲、衿ぐりは裁ち切り、裾1cm、そのほかは0.3cmの縫い代をつけて各パーツを裁つ。

2 前身頃左側にポケットをつけ、袖ぐりの縫い代を折って縫う。

3 肩、脇を縫い、裾を折り上げて縫う。

4 前中心にタックを取り、衿ぐりをレースではさんで縫う。

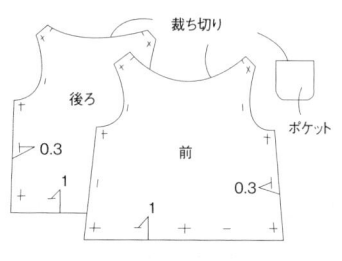

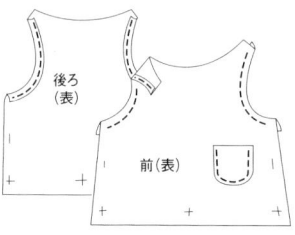

スモックブラウスの作り方

1 裾、袖口は裁ち切り、そのほかは0.3cmの縫い代をつける。見返しは20cm×1.2cmに裁つ。

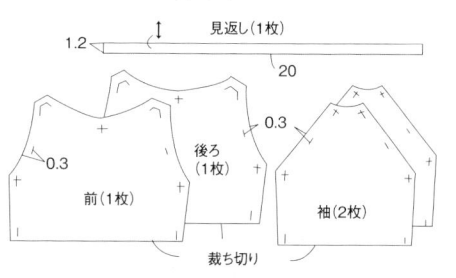

2 前衿ぐりに切り込みを入れて穴をあけ、身頃と袖を縫い合わせる。次に脇、袖下を縫う。

3 衿ぐりと見返しを中表に合わせて縫い、見返しを表に返して、縫い代にかぶせる。次に見返し端を縫って、衿ぐりにひもを通す。

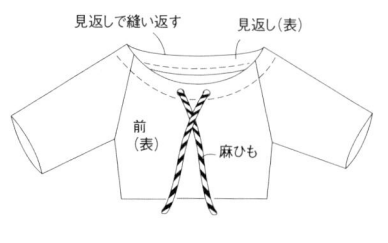

パンツaの作り方

1 ウエスト1cm、裾1.5cm、そのほかは0.3cmの縫い代をつけて布を裁つ。

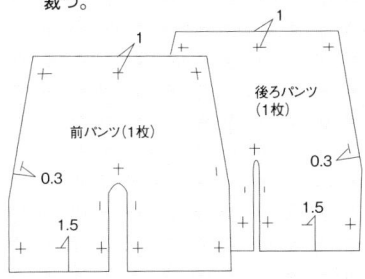

2 脇、股下を縫い、裾を折り上げて縫う。ウエストも縫い代を折って縫うが、最後は1cmぐらい残しておく。

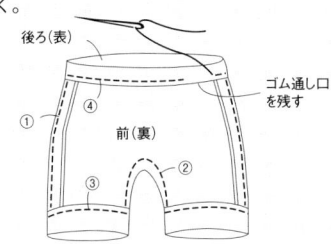

3 ウエストにゴムテープを通し、縫い残した部分を縫う。

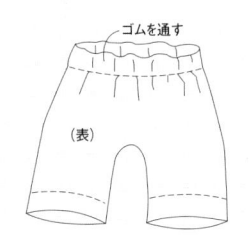

パンツbの作り方

1 裾1.5cm、そのほかは0.3cmの縫い代をつけて布を裁つ。ウエストベルトは20cm×4cmに裁つ。

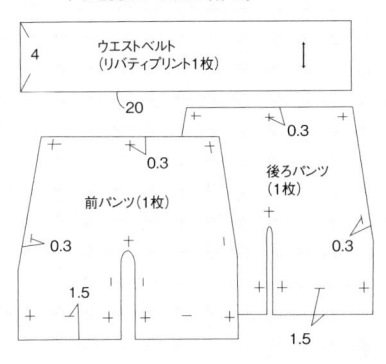

2 脇、股下を縫い、裾を折り上げて縫う。次にベルト布を輪に縫ってパンツのウエストに中表に合わせて縫う。

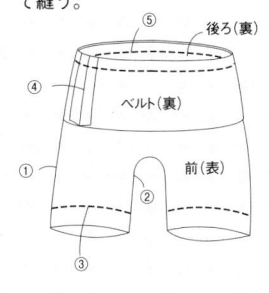

3 ベルト布を表に返し、ゴム通し口を残して縫う。次にウエストにゴムを通し、縫い残した部分を縫う。

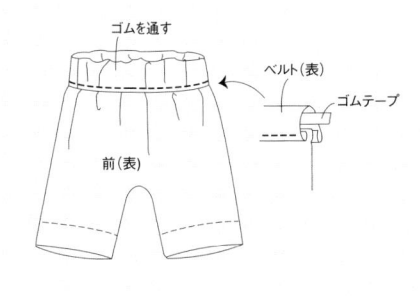

エプロンの作り方

1 図の寸法で各パーツを裁つ。

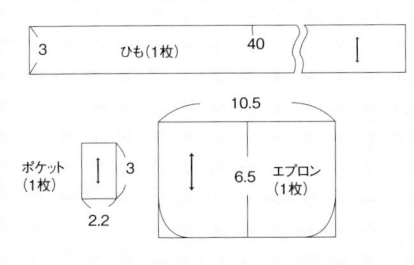

2 エプロンにポケットをつけ、外回りにレースを中表に合わせて縫う。

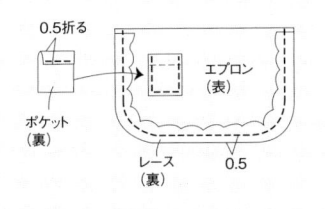

3 レースを表に返してステッチで押さえ、ウエストにひもを中表に合わせて縫う。

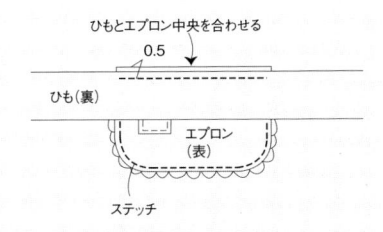

4 ひもを四つ折りにして整えてミシンで押さえる。

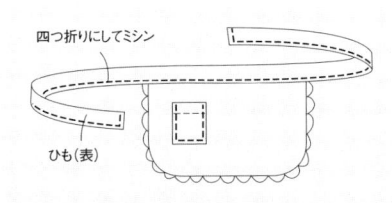

バブーシュカの作り方

1 図の寸法で布を裁つ。

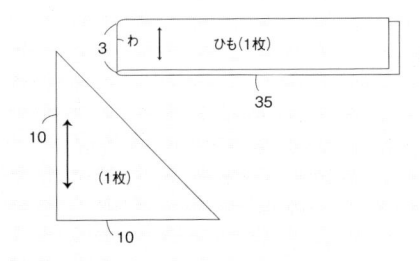

2 バブーシュカの二辺を0.5cm折って縫い、残りの一辺にひもを中表に合わせて縫う。次にひもを四つ折りにしてミシンで押さえる。（エプロン参照）

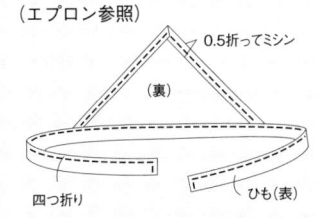

18 キルティングコート

20PAGE

ドットボタンをつけるので、メートラインは丈夫な目の詰まった素材を使用してください。コート丈を変える時は、裾線は元の線と平行に引いてください。

*この作品は実物大型紙を使用して作ります。

出来上がり寸法

S …… バスト92.5cm・着丈96.7cm・袖丈59.5cm
M …… バスト96.5cm・着丈97cm・袖丈60cm
L …… バスト101.5cm・着丈97.5cm・袖丈60.5cm

材料

[表布]C&S水玉キルティング ブラウン
　　　　　　　　100cm幅でS・M2m30cm、L2m50cm
メートライン …… 3cm幅4m70cm
バイアステープ（両折りタイプ）
　　　　　　　　1.8cm幅50cm
ドットボタン …… φ1.3cm 7個

使用する型紙

後ろ身頃・前身頃・袖・フード・ポケット

[裁ち合わせ図]

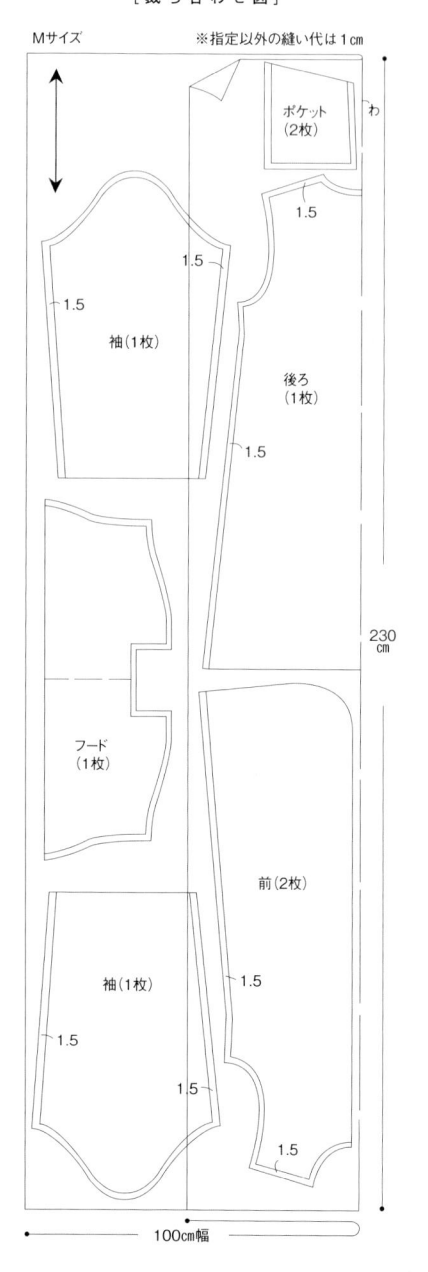

作り方

1 ポケットを作る。ポケット口をメートラインではさんでミシンで押さえ、周囲の縫い代にジグザグミシンをかけ、縫い代をアイロンで折る。

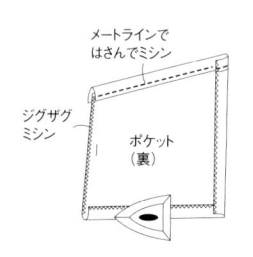

2 ポケットを前身頃のつけ位置にミシンで縫い止める。

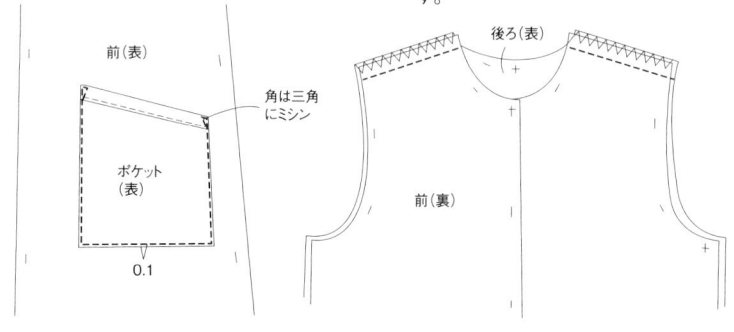

3 肩を縫う。縫い代はジグザグミシンで始末して後ろ側へ倒す。

4 フードの後ろ中心を縫う。縫い代はジグザグミシンで始末して片側へ倒す。

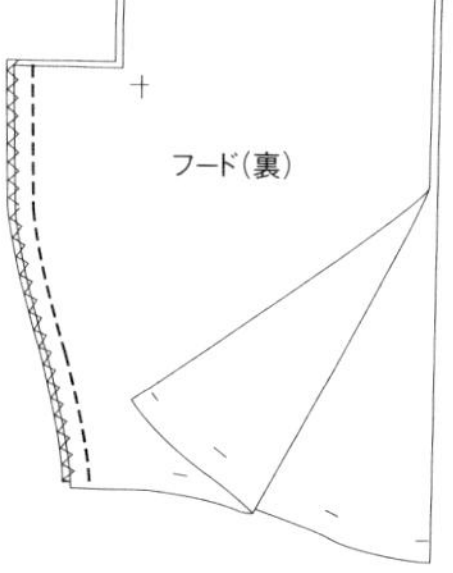

5 フードのトップを縫う。縫い代はジグザグミシンで始末しておく。

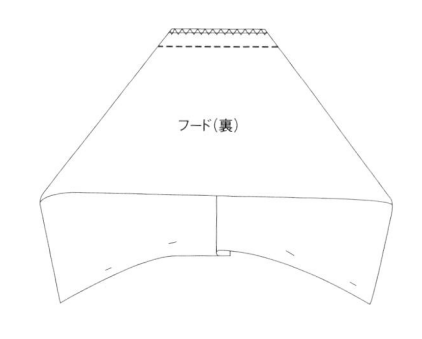

6　身頃の衿ぐりにフードを中表に合わせてミシンをかける。

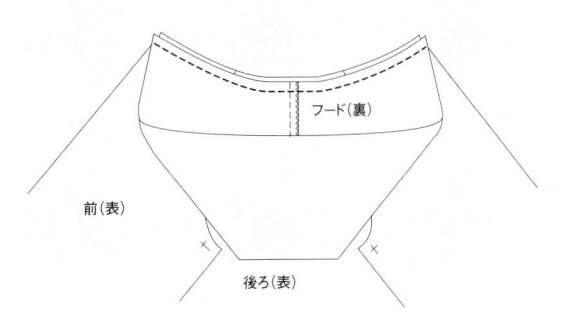

7　フードつけの縫い代をバイアステープでくるんで始末する。

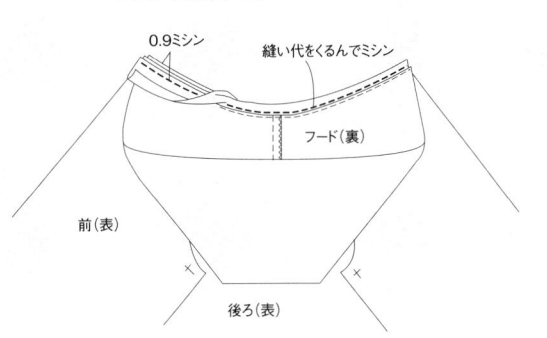

0.9ミシン
縫い代をくるんでミシン
フード(裏)
前(表)
後ろ(表)

8　前身頃と後ろ身頃の脇を縫う。縫い代はジグザグミシンで始末して前側へ倒す。
9　フード〜前端〜裾をぐるりとメートラインではさんでミシンで押さえる。

10　袖下を縫い、縫い代をジグザグミシンで始末する。袖口はメートラインではさみミシンで押さえる。

11　袖を身頃につける。縫い代はジグザグミシンで始末する。
12　前端にドットボタンをつける。

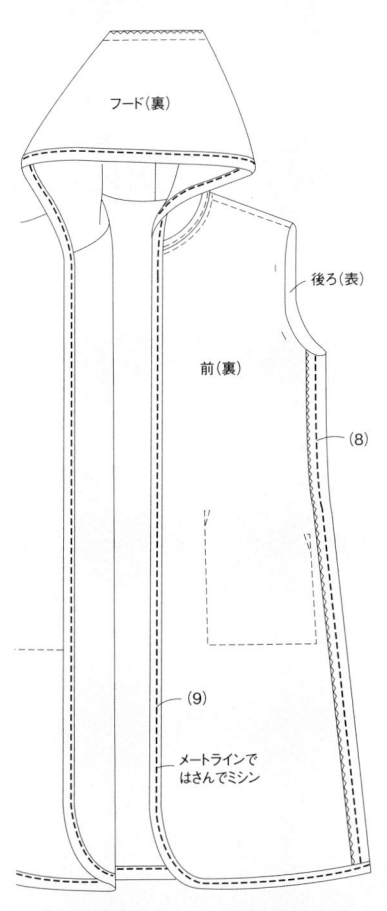

フード(裏)
後ろ(表)
前(裏)
(8)
(9)
メートラインではさんでミシン

袖(裏)
前側に倒す
袖(裏)
メートラインではさんでミシン

(11)
(12)
ドットボタン
ドットボタン

19 スモックワンピース

21PAGE

衿ぐりにはひもの代わりにゴムを通してもいいでしょう。
その時は見返しのはぎ目にゴム通し口を残して縫います。
*この作品は実物大型紙を使用して作ります。

出来上がり寸法

S ……バスト90cm・着丈98.5cm・袖丈(衿ぐりから)48cm
M ……バスト94cm・着丈99cm・袖丈(衿ぐりから)49cm
L ……バスト100cm・着丈101cm・袖丈(衿ぐりから)49.5cm

使用する型紙

後ろ身頃・前身頃・袖・後ろ見返し・前見返し

材料

[表布]リバティプリント Moon-moth
　　　　110cm幅でS・M 2m10cm、L 2m15cm
[別布]薄手木綿 …… 50cm×25cm
接着芯 …………… 少々
ひも …………… 太さ0.3cm 1m30cm

[裁ち合わせ図]

表布・Mサイズ / 別布

※指定以外の縫い代は1cm

作り方

1. 衿ぐり見返しの肩を縫って割り、外回りにジグザグミシンをかける。

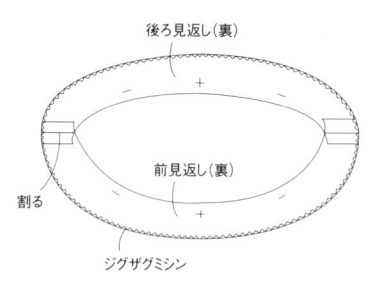

2. 前身頃衿ぐりのひも通し穴位置に接着芯を貼り、ボタンホールでひも通し穴を作る。

3. 前身頃、後ろ身頃と袖を中表に合わせて縫う。縫い代はジグザグミシンで始末し、袖側に倒す。

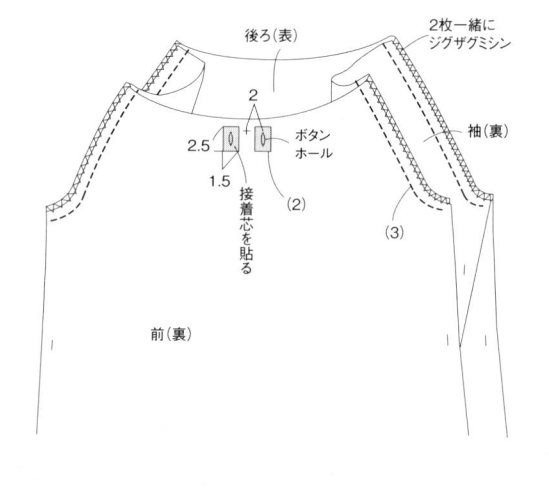

4 身頃の衿ぐりに見返しを中表に合わせて縫う。縫い代に切り込みを入れ、アイロンで整え、2.5cm幅のステッチをかける。

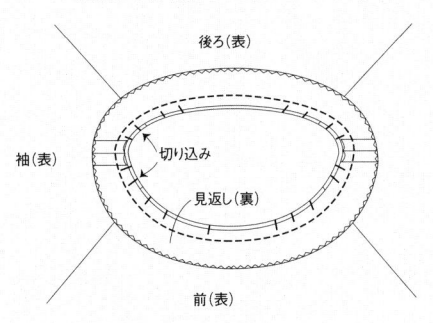

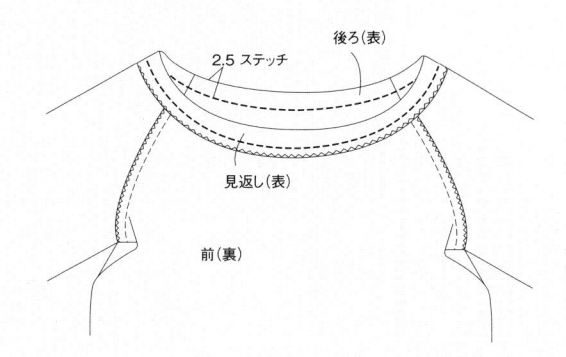

後ろ(表)
袖(表)
切り込み
見返し(裏)
前(表)

2.5 ステッチ
後ろ(表)
見返し(表)
前(裏)

5 前と後ろの袖下、脇を中表に合わせ、袖口～裾までを続けて縫う。縫い代はジグザグミシンで始末し、前側へ倒しておく。

袖(裏)
2枚一緒にジグザグミシン
前(裏)

6 袖口は1.5cm、裾は3cm幅の三つ折りにしてステッチで押さえる。最後に衿ぐりにひもを通す。ひもの端は結んでおく。

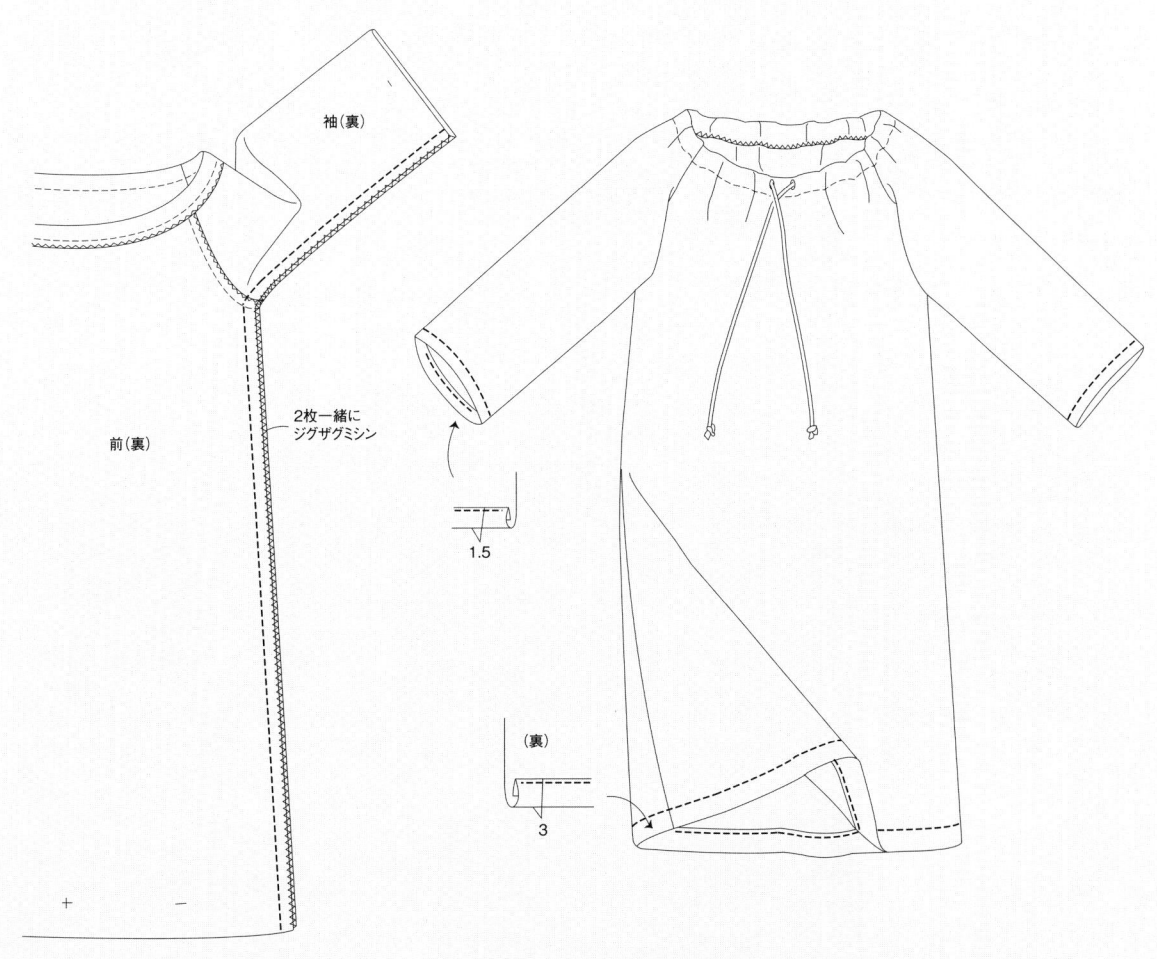

1.5
(裏)
3

25 マルチカバー

43PAGE

パッチワークは手縫いのほうがパーツがズレにくいのでおすすめです。
パーツの縫い代は同じ方向に倒すのがきれいに見えるポイント。

＊この作品は実物大型紙がないので[製図]と[布の裁ち方]を見て作ります。

出来上がり寸法
110cm×140cm

材料
[水玉]C&Sアイリッシュリネン水玉　ネイビー地にきなり
　　　　　　　　　　　　　110cm幅1m20cm
[白]C&S幅広リネンpart2 ホワイト
　　　　　　　　　　　　　150cm幅2m50cm
キルト芯……………………115cm×145cm

布の裁ち方
厚紙で10cm四方の型紙を作り、周囲に1cmの縫い代をつけてピースを裁つ。ピースは水玉、白とも各77枚用意する。裏布は白で115cm×145cmの大きさに、キルト芯も同寸法で裁断する。

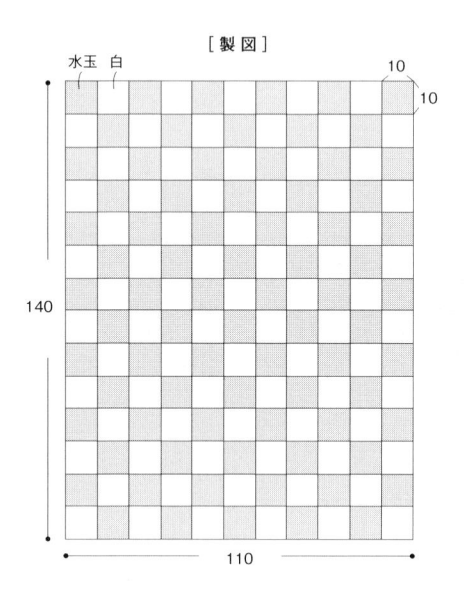

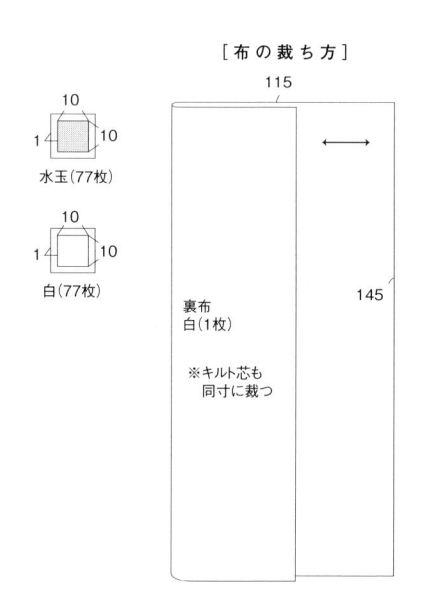

作り方
1　ピースを縫い合わせる。まず水玉と白が交互になるように横に11枚をはぎ合わせるが、水玉6枚と白5枚をつないだもの、水玉5枚と白6枚をつないだものを各7列ずつ作る。
2　1の14列を縦にはぎ合わせる。縫い代は同じ方向に倒しておく。トップの出来上がり。
3　トップの表面にチャコペンでキルトラインを引く。
4　トップの裏面にキルト芯を合わせ、周囲にしつけをかける。

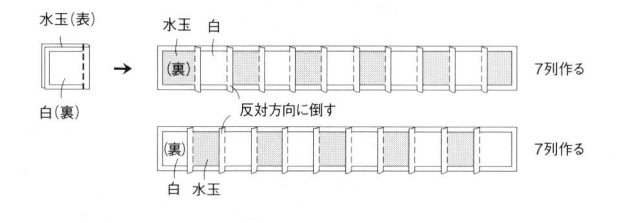

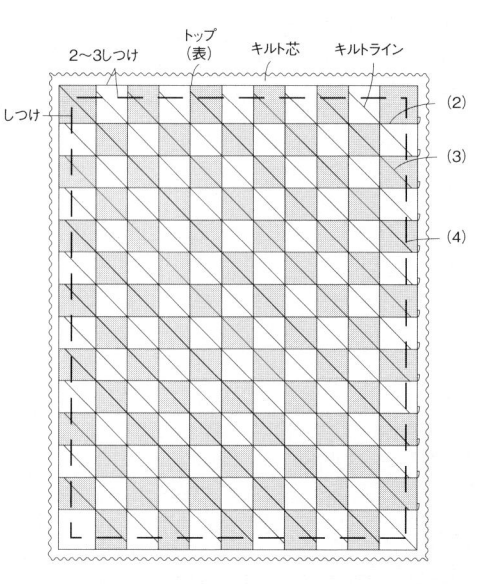

5 キルト芯を出来上がり線（パッチワーク布の1cm内側）に合わせてカットし、裏布を中表に合わせて返し口を残して周囲を縫う。縫い終わったら裏布の縫い代をトップに合わせてカットする。

6 表に返して整える。返し口は縫い代を折り込んでまつる。

7 トップの表面から裏布まで通してしつけをかける。しつけは中央から放射状にかける。

8 キルトラインに沿ってキルティングをして、しつけを抜く。

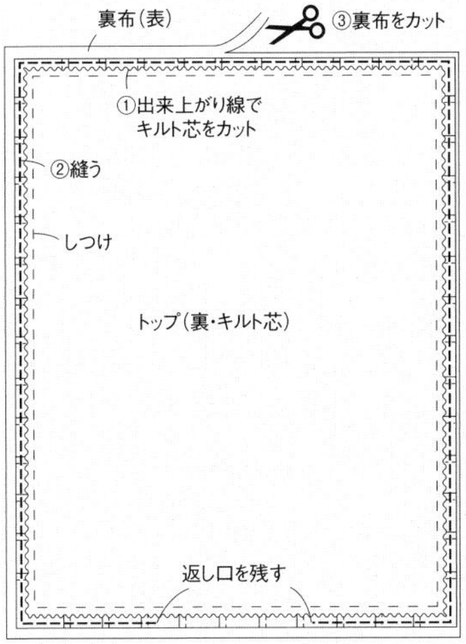

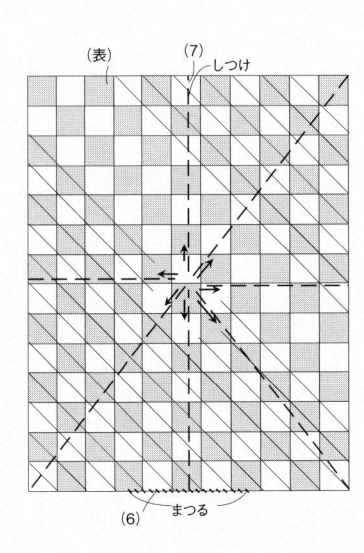

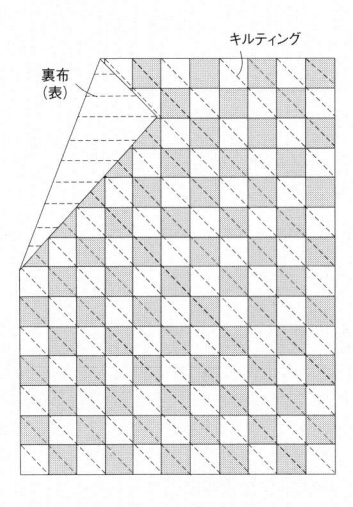

23 リボンで包むお弁当袋
27PAGE

あっという間にできてしまう、かわいいお弁当袋です。手持ちのお弁当箱に合わせて袋布の大きさを自由に調節してください。
＊この作品は実物大型紙がないので[布の裁ち方]を見て作ります。

出来上がり寸法
30cm×28cm

材料
[白]リネンホワイト …………………… 66cm×30cm
[水玉]C&Sリネンピンドット ネイビーに白のピンドット
　　　　　　　　　　　　　　　　　 107cm×12cm

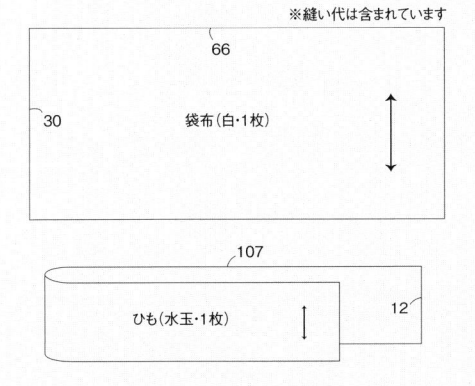

作り方

1 袋布を中表に折り、両脇を1cmの縫い代で縫う。縫い代は2枚一緒にジグザグミシンで始末する。

2 入れ口を2cm幅の三つ折りにしてミシンで押さえる。

3 ひも布を中表に折り、返し口を5cmぐらい残して1cmの縫い代で縫う。表に返し、返し口をまつり、アイロンで整える。

4 袋布にひもの中心を縫い止める。ミシンは2〜3回重ねてかけておく。

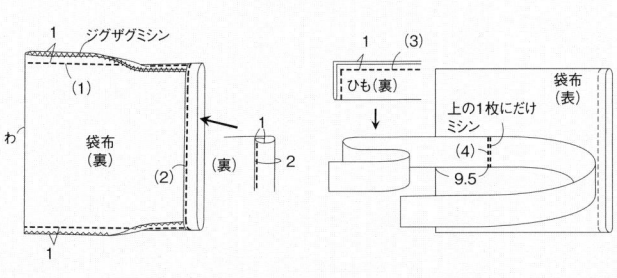

[布の裁ち方]

24 6枚のリネンクロスを使ったテーブルクロス

42PAGE

無地のクロスを使う時はカットしないで、すべて1cmの縫い代で縫い合わせます。長方形やほかのストライプのクロスもそれぞれに合わせて応用を。

＊この作品は実物大型紙がないので[布の裁ち方]を見て作ります。

出来上がり寸法
120cm×182cm

材料
LIBECO（リベコ）リネンクロス
……………… 66cm×66cm　6枚

裁ち方
66cm四方の周囲に4cm幅でストライプの入っているリネンクロスを使用しています。ストライプを生かして作るために、4枚は二辺を2cmカットし、2枚は三辺を2cmカットします。

[布の裁ち方]

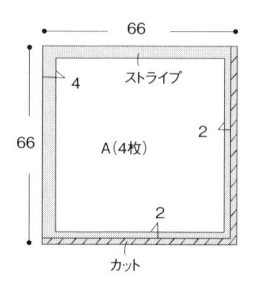

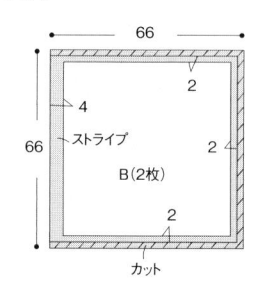

※柄に向きのある布で作る場合は、Aの4枚のうち2枚の底の一辺と左の一辺をカットします。

作り方

1　カットした部分の裁ち端にすべてジグザグミシン、またはロックミシンをかける。

2　A 2枚とB 1枚を図のように1cmの縫い代で縫い合わせる。縫い代は割る。もう1組同じものを作る。

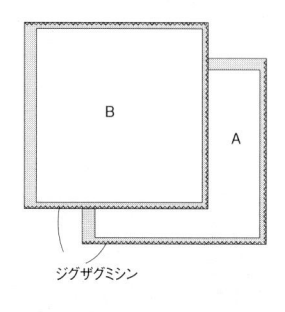

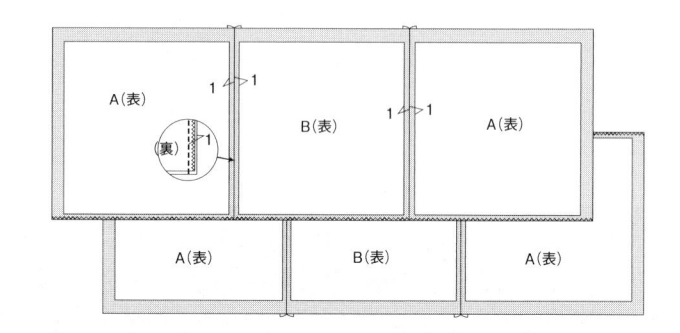

3　2組を2cmの縫い代で縫い合わせ、縫い代を割る。
4　周囲を1cm幅に三つ折りにしてミシンで押さえる。

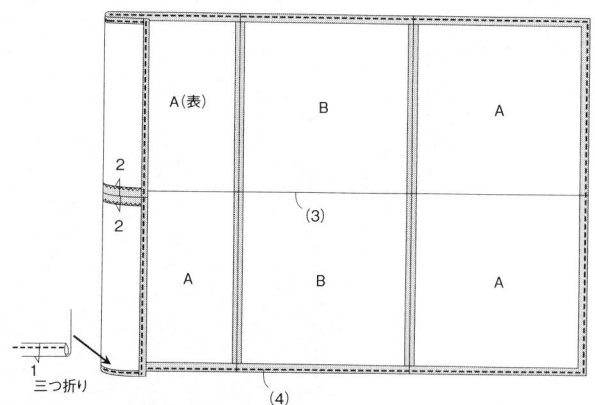

26 クッションカバー2点
44PAGE

ファスナーやボタンもいらない、簡単なクッションカバーです。
同じ要領で、いろんなサイズに応用してください。
＊この作品は実物大型紙がないので[布の裁ち方]を見て作ります。

出来上がり寸法
45cm×45cm

材料
[表布A]フレンチアンティークフラワー　ブルーにラベンダー
又はC&Sギンガムチェック　ラベンダー　………47cm×47cm
[表布B]C&Sハーフリネン　グレープ中　………68cm×47cm

[布の裁ち方]

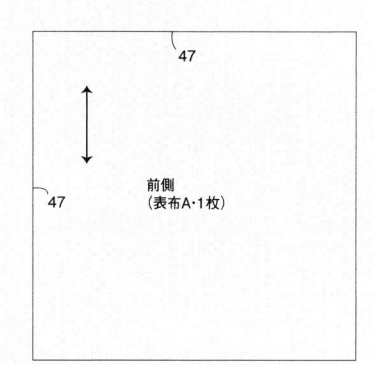

前側（表布A・1枚）47×47

後ろ側（表布B・2枚）34×47

作り方

1　後ろ側の布2枚に、それぞれ縦の一辺を1.5cm幅の三つ折りにしてミシンをかける。

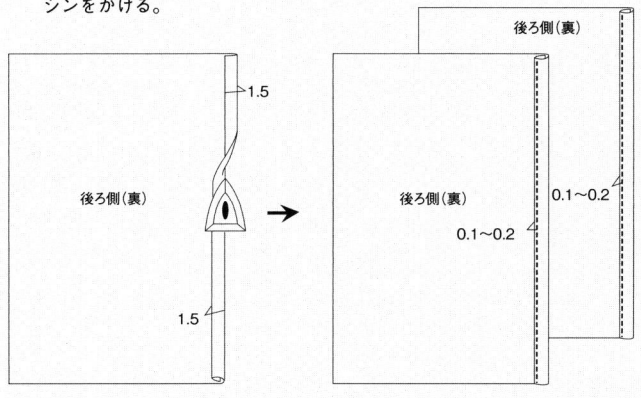

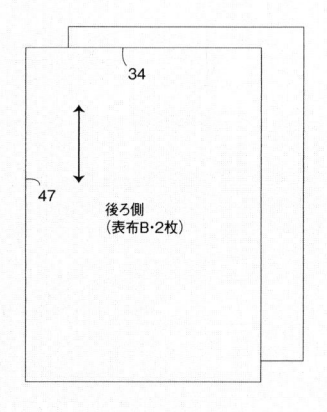

2　前側の布に後ろ側2枚を中表に重ね、周囲を1cmの縫い代でぐるっと縫う。

3　周囲の縫い代にジグザグミシンをかける。

4　表に返して形を整えて出来上がり。

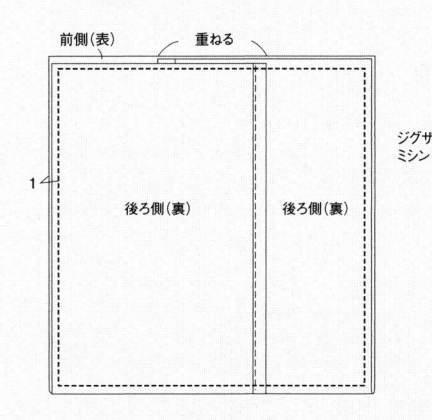

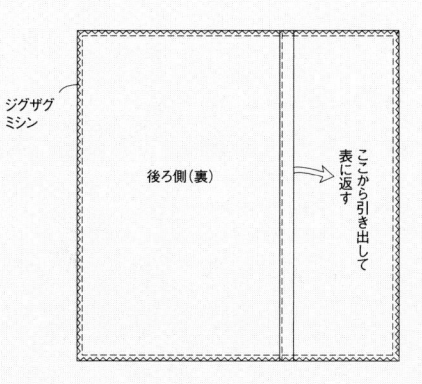

27 リボンで結ぶコンフォーターケース

44~45PAGE

シングルサイズのコンフォーターケースです。セミダブルやダブルのケースを作る際は、布幅が足りないので、必要なサイズに布をはいで作ってください。

*この作品は実物大型紙がないので[布の裁ち方]を見て作ります。

出来上がり寸法

148cm×210cm（シングルサイズ）

材料

[表布]C&S幅広リネンpart2 ホワイト
　　　　　150cm幅2m20cm

[裏布]C&Sストライプ ラベンダー
　　　　　110cm幅4m30cm

[布の裁ち方]

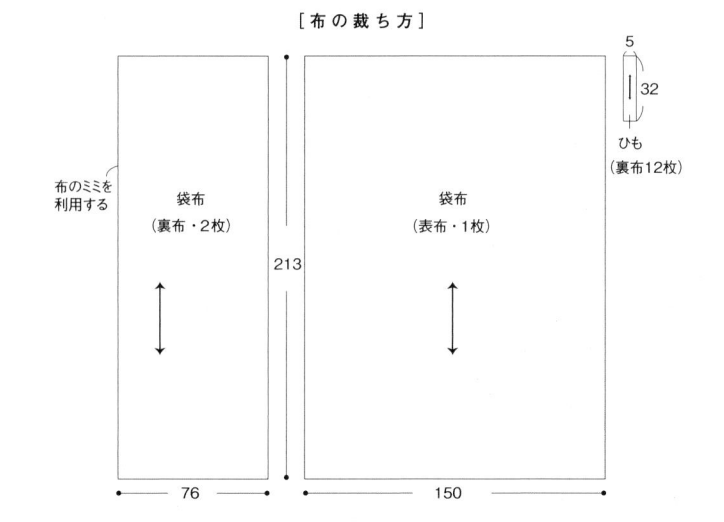

布のミミを利用する
袋布（裏布・2枚） 76
袋布（表布・1枚） 150
213
ひも（裏布12枚） 5 × 32

作り方

1　裏布2枚を中表に合わせ、ミミ側を1cmの縫い代で縫う。縫い代はアイロンで片側に倒しておく。

2　表布と裏布を中表に合わせ、1cmの縫い代で三辺を縫う。次に縫い代を2枚一緒にジグザグミシンで始末する。

3　袋布を表に返して整え、入れ口を1cm幅の三つ折りにしてミシンで押さえる。

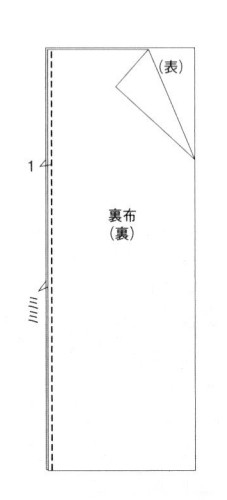

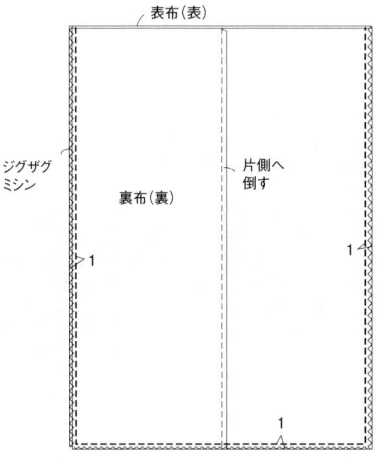

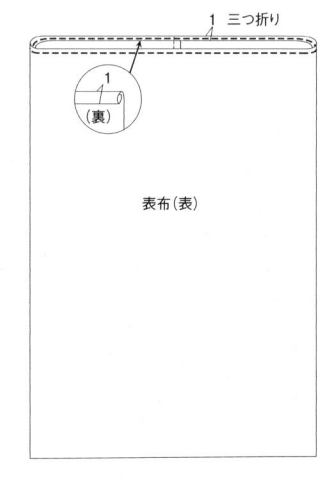

4　ひもを1.5cm幅にアイロンで折り、ステッチをかける。ひもは全部で12本作る。

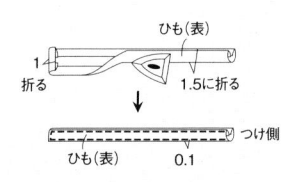

5　ひもを入れ口にしっかり縫い止める。

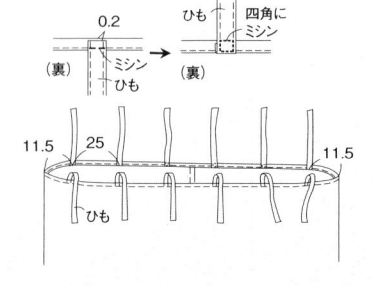

20 リネンの帽子
22PAGE

帽子ののびを防ぎ、形を保つために、内側のクラウンとブリムの境目にはサイズリボンをつけます。ブリムは裏が落ちてこないように、ぐるぐると全体にステッチをかけます。
*この作品は実物大型紙を使用して作ります。

出来上がり寸法
頭回り58cm

使用する型紙
トップクラウン・サイドクラウン・ブリム

材料
[表布] リネン ベージュ
・・・・・・・・・・・・110cm幅50cm
接着芯・・・・・・・・90cm幅40cm
バイアステープ(両折りタイプ)
・・・・・・・・・・・・1.3cm幅75cm
サイズリボン・・・・3cm幅60cm

[裁ち合わせ図]
※指定以外の縫い代は0.5cm
※ ▨ は接着芯を貼る位置

作り方

1. サイドクラウンの後ろ中心を縫う。縫い代はアイロンで割り、バイアステープを重ねてミシンで押さえる。

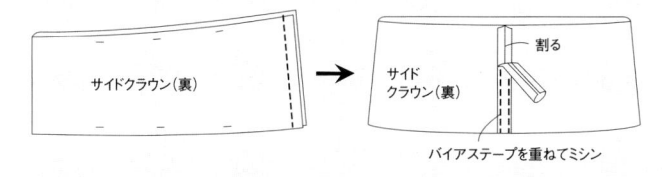

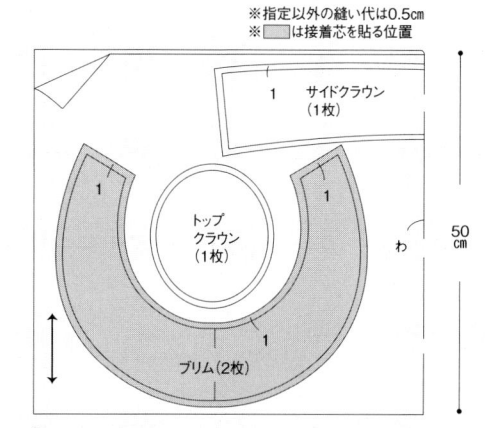

2. サイドクラウンとトップクラウンを縫い合わせる。縫い代は1と同様にバイアステープで始末する。

3. 表ブリム、裏ブリムとも後ろ中心を縫い、縫い代を割る。

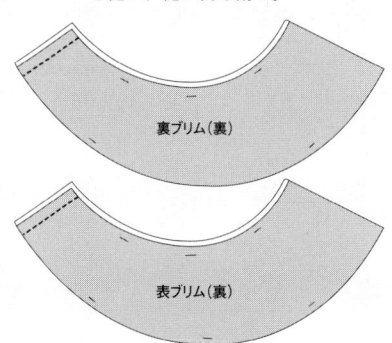

4. 表ブリムと裏ブリムを中表に合わせてエッジ(外回り)を縫う。

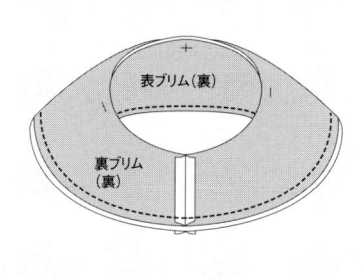

5. ブリムを表に返して整え、図のように渦巻状にミシンでステッチをかける。ステッチラインはミシンをかける前にチャコペンで書いておく。

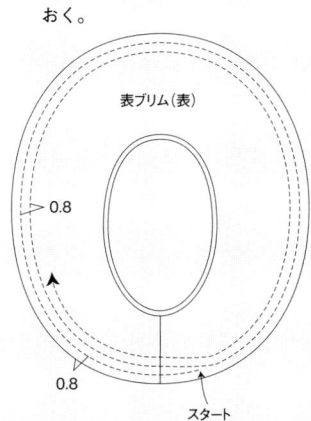

6. サイドクラウンとブリムを中表に合わせ、ミシンをかける。

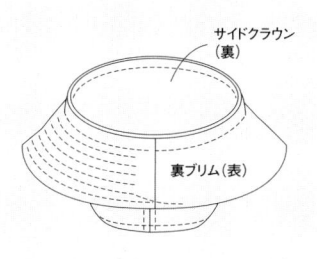

7. 60cmのサイズリボンを1cmの縫い代で縫い、58cmの輪にする。そのサイズリボンをブリムとサイドクラウンのつけ縫い目に合わせて重ね、きわにミシンをかける。

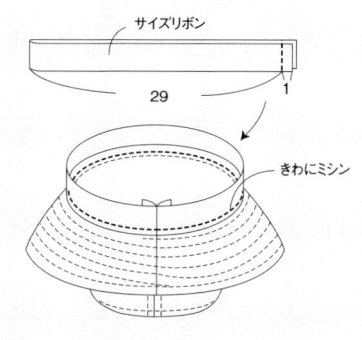

28 ブランケット
46PAGE

共布の縁取り布の代わりに市販のバイアステープを使ってもOK。
布の補強のために必ず裏面に力ボタンをつけます。
*この作品は実物大型紙がないので[布の裁ち方]を見て作ります。

出来上がり寸法
100cm×70cm

材料
[表布]ヘリンボーンリネンウール ブラウンベージュ ……145cm幅80cm
ボタン………………………………………………………………φ2.3cm1個
力ボタン……………………………………………………………(小)1個

[布の裁ち方]

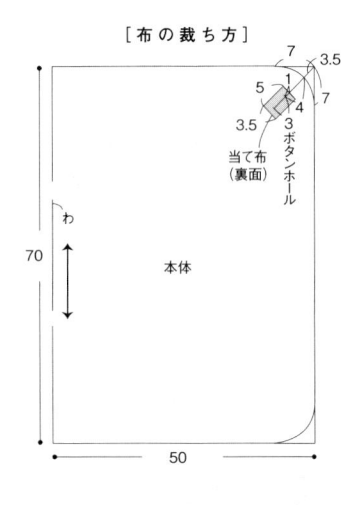

[裁ち合わせ図]

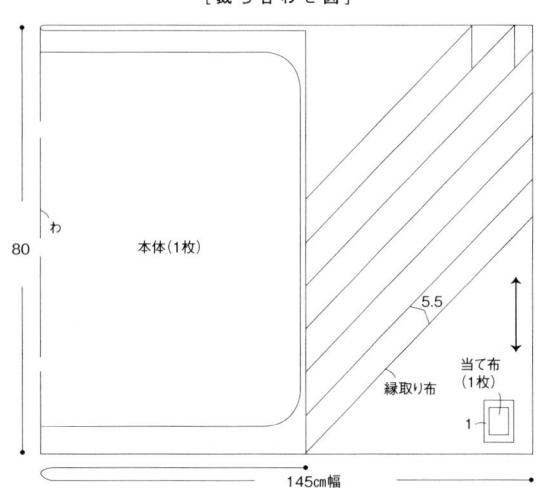

作り方

1 バイアス裁ちの縁取り布をはぎ合わせて1本にする。全体の長さは3m35cmぐらいにする。

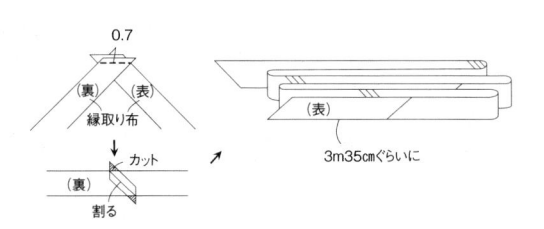

2 本体の外回りに縁取り布を合わせる。カーブの部分は縁取り布をいせぎみに合わせ、つけ始めと終わりは突き合わせに折り、1.5cm幅でミシンをかける。

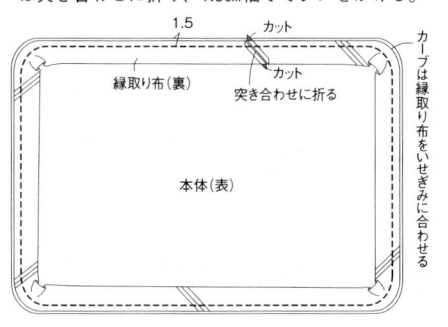

3 縁取り布を表に返す。布端を包んで縁取りを1.5cm幅に整え、裏面をまつる。

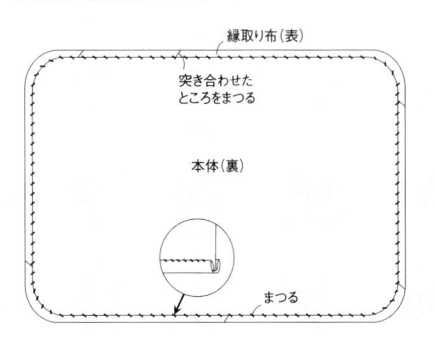

4 当て布の周囲の縫い代を折り、裏面のつけ位置にミシンで縫い止め、ボタンホールを作る。反対側の端の表面にボタン、裏面は力ボタンをつける。

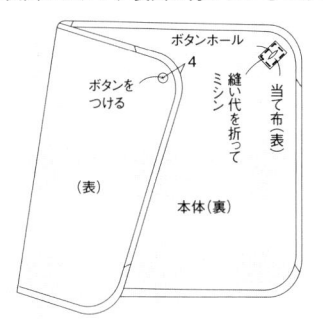

29 ブックカバー

46PAGE

回りを縫ってひっくり返すだけの簡単なブックカバー。大きさは文庫本サイズになっています。

*この作品は実物大型紙がないので[製図]と[布の裁ち方]を見て作ります。

出来上がり寸法

12cm×15.5cm

材料

[表布] C&Sウールフラワープリント きなり …… 40cm×20cm
[裏布] リネン ベージュ …… 40cm×20cm
リネンテープ …… 2.5cm幅18cm
レース …… 1.2cm幅40cm
リボン …… 0.8cm幅70cm
ボタン …… φ1.8cm 1個

[製図]

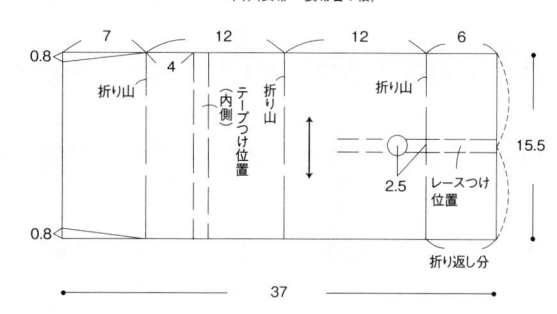

[布の裁ち方]

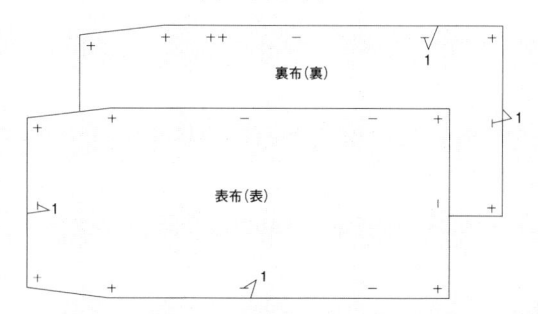

作り方

1 表布の中央にレースをミシンでとめつける。

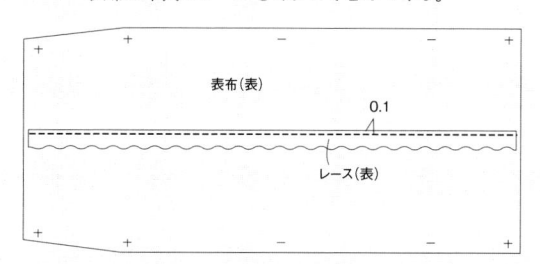

2 リネンテープの幅を半分に折ってミシンで押さえ、裏布の縫い代に仮止めする。

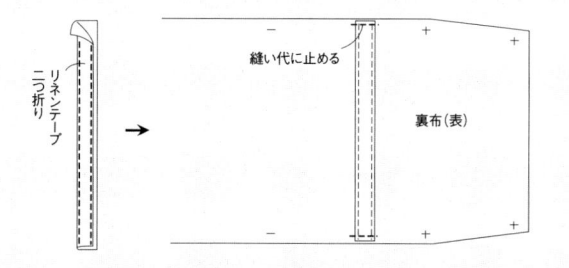

3 表布と裏布を中表に合わせ、返し口を残して回りを縫う。

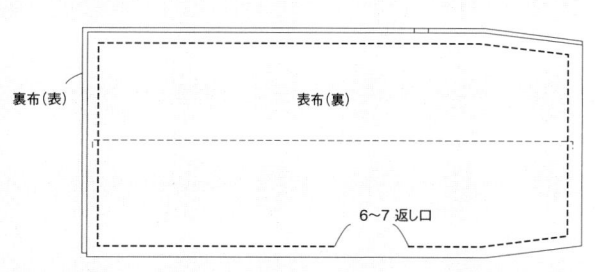

4 返し口から表に返してアイロンで形を整え、周囲にステッチをかける。

5 折り返し分6cmを折り、上下を針目が目立たないようにまつる。

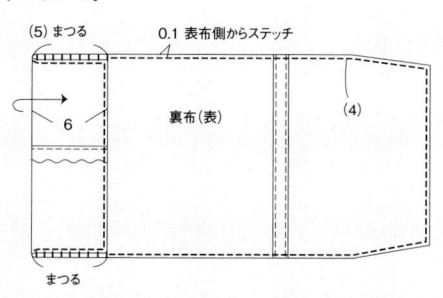

6 ボタンをつける。そのボタンの糸足にリボンの端をしっかり結びつける。

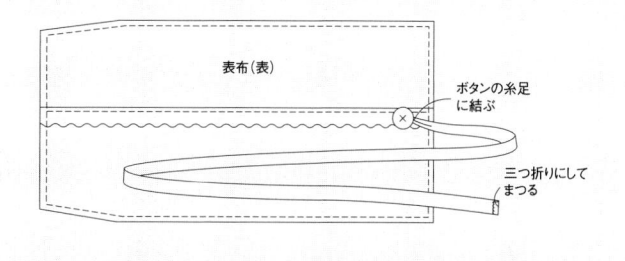

30 フレンチレースのランジェリーケース
31 フレンチレースの巾着
32 フレンチレースのポーチ
33 サシェ

51PAGE

袋物にはすべて裏布をつけています。面倒な端の始末がいらなくなるうえに、作り方も簡単で、見た目にもきれいで丈夫に仕上がります。

*旅のセットは実物大型紙がないので[製図]を見て作ります。

出来上がり寸法
ランジェリーケース40cm×30cm、
巾着32cm×39cm、ポーチ21cm×13cm、
サシェ(大)12cm×10cm・(中)9cm×7.5cm・
(小)7cm×5cm

材料
[表布]リネン ホワイト ……………… 110cm幅90cm
[裏布]C&Sストライプ ラベンダー … 110cm幅90cm
レース ………………………………… 2cm幅2m50cm
ファスナー …………………………… 20cmを1本
ポプリ ………………………………… 適宜

[製図]

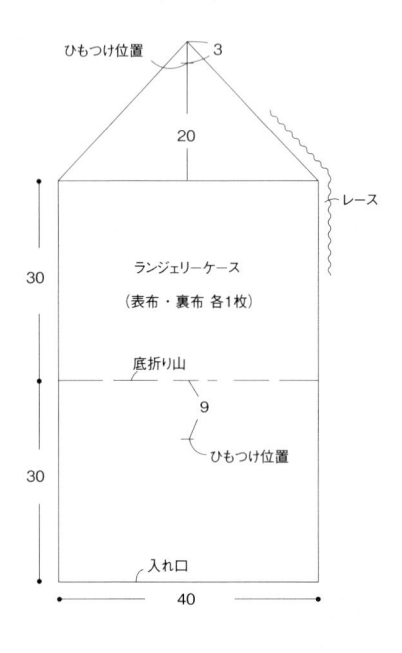

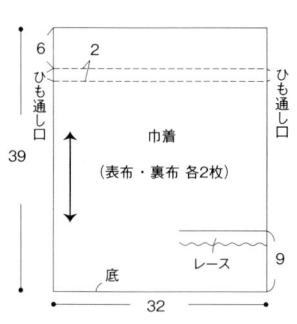

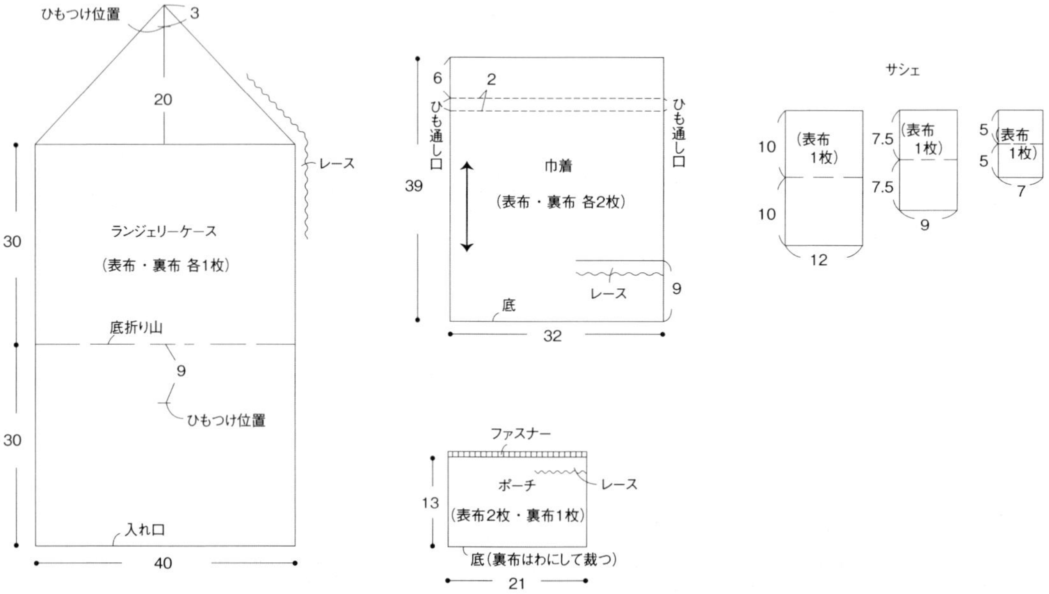

[裁ち合わせ図]

※縫い代は1cm

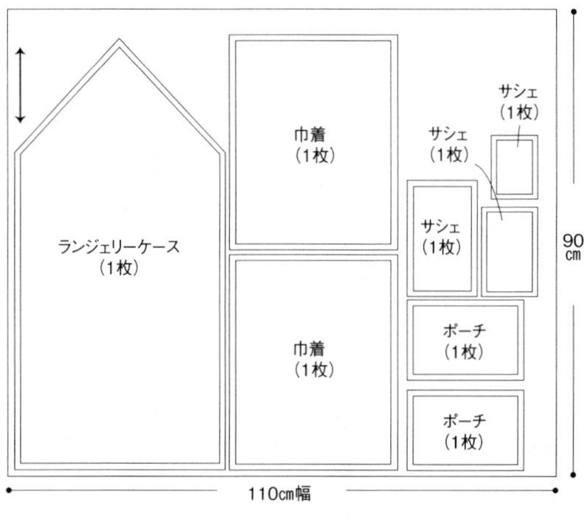

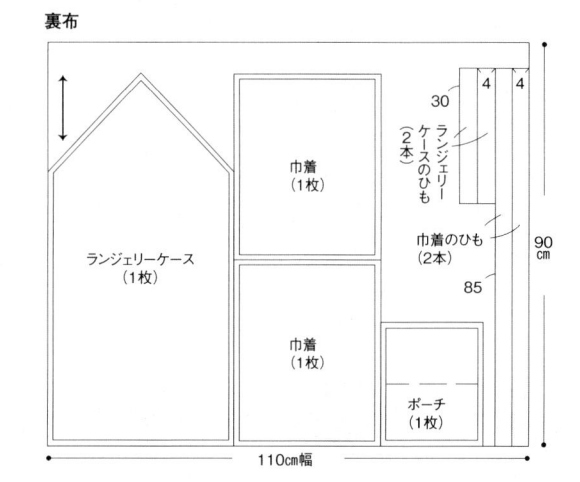

ランジェリーケースの作り方

1. 表布の底から上の外回りにレースを中表に重ね、しつけで止める。底はレース端を三角に折っておく。
2. 表布、裏布とも入れ口の縫い代を折り、底から中表に折る。その表布と裏布の入れ口を内側にして重ね、外回りを縫う。
3. 表に返して形を整え、入れ口の表布と裏布の折り山を合わせてステッチで押さえる。フタの外回りにもステッチをかける。
4. ひもを1cm幅の四つ折りにしてミシンで押さえる。ひもは2本作り、フタの表側と前側にミシンで縫い止める。ミシンは2〜3回重ねてしっかり止める。

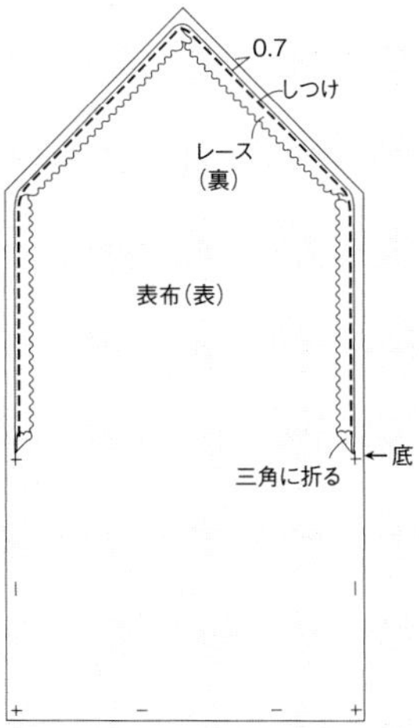

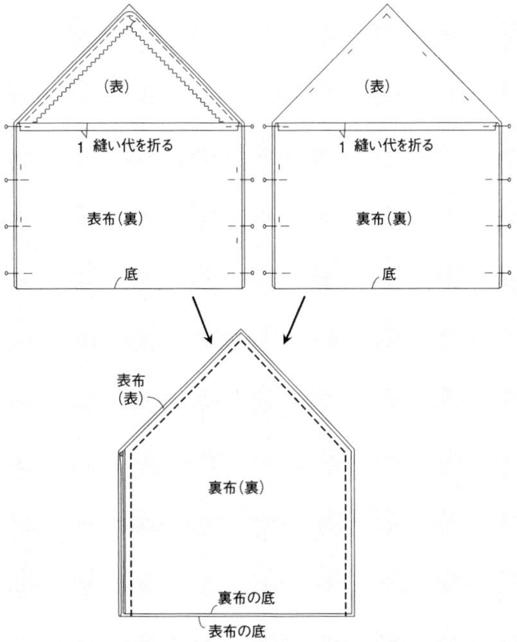

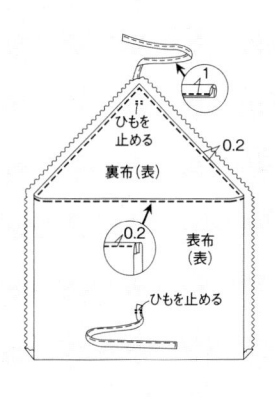

巾着の作り方

1. 表布2枚にレースを縫い止める。
2. 表布と裏布を中表に合わせて口を縫う。縫い代は割る。これをもう1枚作る。
3. 表布、裏布それぞれを中表に合わせ、裏布には返し口を、表布にはひも通し口を残して周囲を縫う。
4. 返し口から引き出して表に返し、返し口をまつる。次に裏布を表布の内側に収めて形を整える。口とひも通し位置にステッチをかける。
5. ひもを1cm幅の四つ折りにしてステッチで押さえる。ひもは2本作り、両脇のひも通し口からそれぞれ通す。

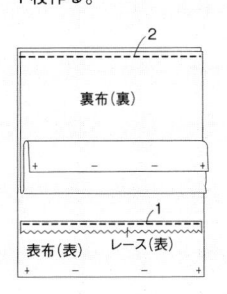

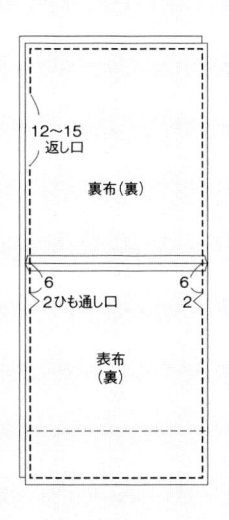

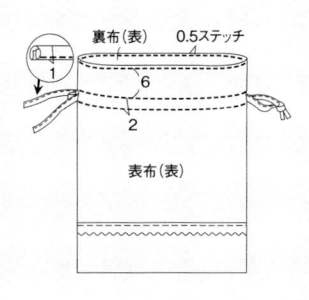

ポーチの作り方

1 表布ファスナーつけ位置の縫い代を折り、ファスナーに重ねてミシンをかける。

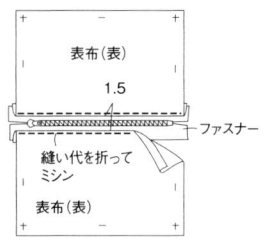

2 1の折り山に端を合わせてレースを重ね、ミシンでとめつける。

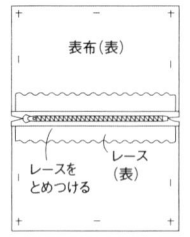

3 ファスナーを開けてから表布を中表に合わせ、脇と底を縫って表に返す。

4 裏布を中表に折り、脇を縫う。

5 表布の中に裏布を入れ、口の縫い代を折ってファスナーのテープ部分にまつる。

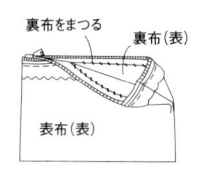

サシェの作り方

布を中表に折り、返し口を残して回りを縫う。次に表に返し、中にポプリを詰めて返し口をまつる。大・中・小とも作り方は同じ。

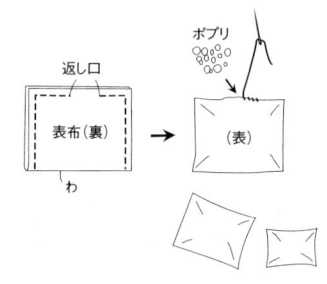

7 プチマフラー

15PAGE

回りを縫ってひっくり返すだけの簡単なマフラー。これは子供用ですが、サイズを大きくして大人用としても作ることができます。
*この作品は実物大型紙がないので[布の裁ち方]を見て作ります。

出来上がり寸法

90cm×14cm

材料

[表布] C&S天竺デニム ブルー……………………35cm×95cm
[別布] C&Sダブルガーゼ ストライプ ブルー………13cm×8cm
ボタン………………………………………φ1.7cmを2個

[布の裁ち方]

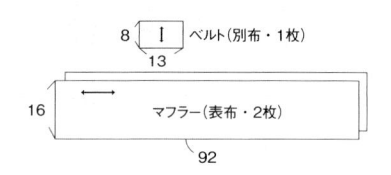

作り方

1 ベルト布を中表に折り、1cmの縫い代でL字に縫う。表に返し、返し口は布端を1cm折り込んでアイロンで整え、ボタンをつける。

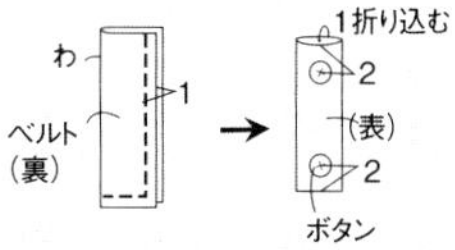

2 マフラー2枚を中表に合わせ、返し口を残して1cmの縫い代で回りを縫う。

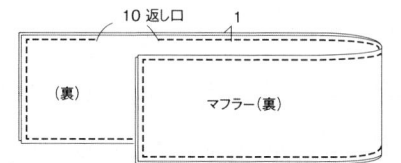

3 表に返して整え、返し口をまつる。ステッチをかけ、ベルトを縫い止める。

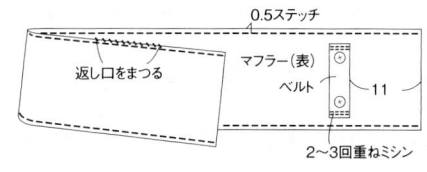

21 ギャザーバッグ

23PAGE

ダーツとギャザーを少し寄せるだけで、立体的で形のよいバッグを作ることができます。持ち手の長さはお好みで調節してください。

*この作品は実物大型紙を使用して作ります。

出来上がり寸法

54cm×32cm

材料

[表布] ヘリンボーンリネンウール 黒 ‥ 145cm幅50cm
[裏布] C&S幅広リネンpart2 ベージュ 150cm幅40cm
ファスナー ……………………… 長さ35cm 1本

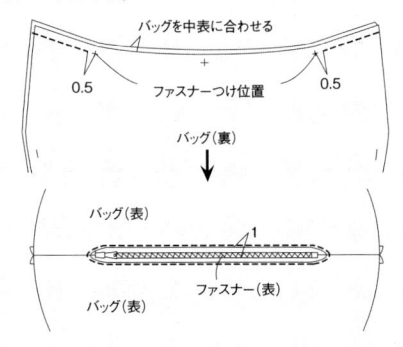

使用する型紙

バッグ・中袋

[裁ち合わせ図]

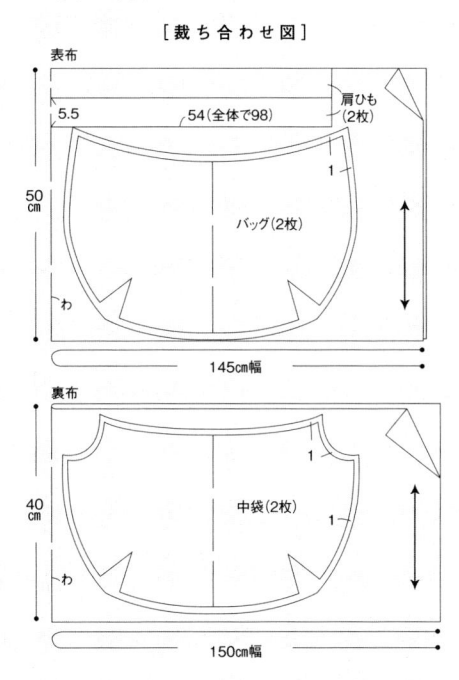

作り方

1 ファスナーつけ位置を残してバッグの口を縫い、ファスナーつけ位置の縫い代を折ってファスナーに重ね、ミシンでとめる。

2 バッグのダーツを縫う。縫い代は途中まで切り込みを入れて割る。

3 ファスナーを開き、バッグを中表に合わせて外回りを縫い、表に返す。

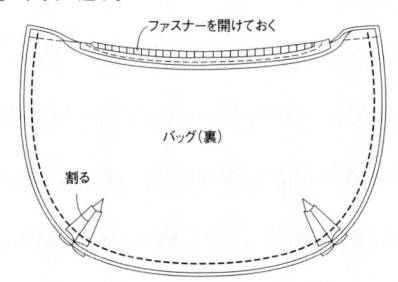

4 肩ひも2枚を中表に合わせ、3.5cm幅に縫って表に返す。

5 肩ひもの口の両端のタックをたたみ、外側はギャザーを寄せて2枚の肩ひもの間に差し込んでステッチをかける。

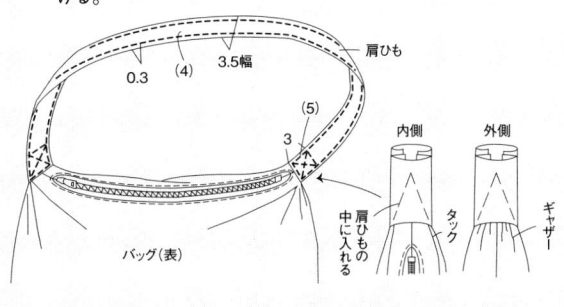

6 中袋のダーツを縫い、2枚を中表に合わせてファスナーつけ位置を残して回りを縫う。

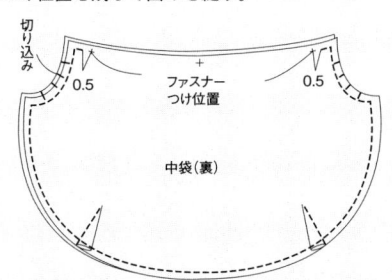

7 バッグの内側に中袋を入れ、口の縫い代を折ってファスナーのきわにまつる。

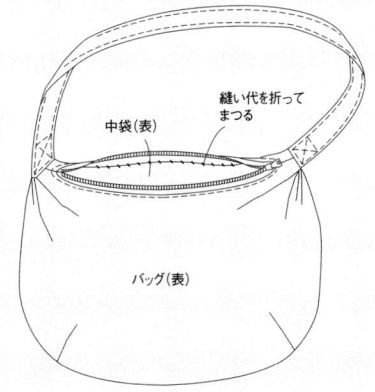

34 バニティケース

52PAGE

ビニールコーティングの布が縫いづらい時は、コーティングの面に薄い紙を敷くとすべりがよくなって縫いやすくなります。
*この作品は実物大型紙がないので[製図]を見て作ります。

出来上がり寸法
15cm×15cm×高さ15cm

材料
[表布]アンティークフラワーコーティング ホワイト
……………………………………55cm×40cm
バイアステープ(四つ折りタイプ) ……0.5cm幅1m60cm
ファスナー(両開きタイプ)……………50cm 1本

布の裁ち方
製図の寸法で各パーツの型紙を作り、周囲に0.5cmの縫い代をつけて布を裁つ。持ち手は型紙を作らずに、裁ち合わせ図に示した寸法で裁つ。

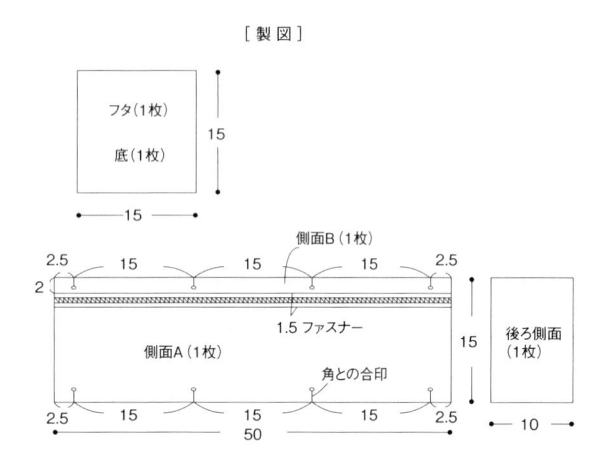

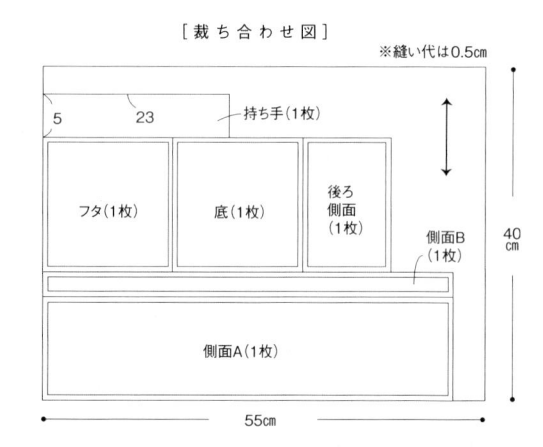

作り方

1. 持ち手を2.5cm幅に折ってステッチで押さえ、フタの表面に縫い止める。

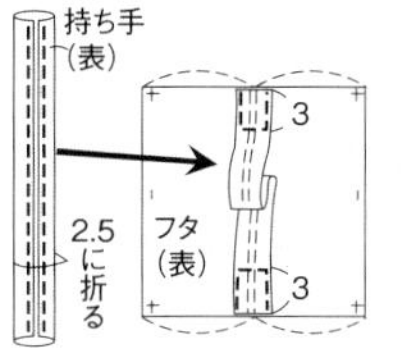

2. 側面A、Bのファスナーつけ位置の縫い代を折り、ファスナーに重ねてミシンで縫い止める。

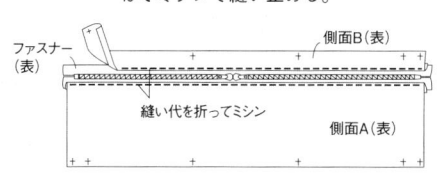

3. 側面A、Bと後ろ側面を中表に合わせて縫う。縫い代はバイアステープで包んで始末する。

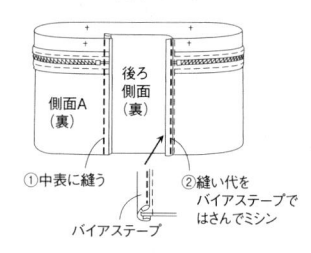

4. 側面に底をつける。まず側面A底辺の角の合印位置に切り込みを入れる。次に底と側面Aを中表にして、角と切り込みを合わせて縫う。縫い代はバイアステープではさんで始末する。

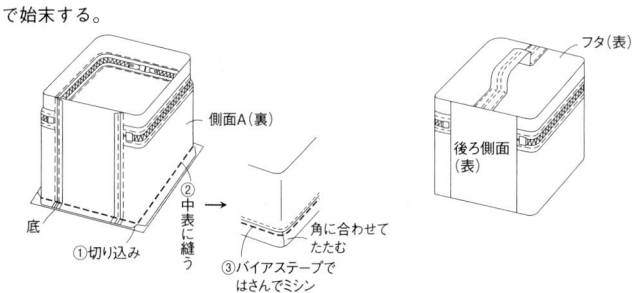

5. 底と同じ要領で側面Bの上側とフタを縫い合わせる。この時持ち手は下図の方向につける。縫い代はバイアステープで包んで始末する。

37 ルームシューズ

54PAGE

ルームシューズは左右があるので、片方を反転させてパターンを写します。甲のつま先はぐし縫いをして少し縮めてから底の寸法に合わせて縫い合わせます。

＊この作品は実物大型紙を使用して作ります。

出来上がり寸法
底25cm

材料
[表布] C&Sハーフリネンコードレーン　ブルー
　……………………… 110cm幅30cm
[別布] C&Sリネン混ダンガリー　ホワイト
　……………………… 50cm×30cm
接着キルト芯 ………… 90cm幅30cm

使用する型紙
外甲・内甲・外かかと・内かかと・外底・内底

作り方

1. 外甲、外底、内底の裏面に接着キルト芯を貼る。

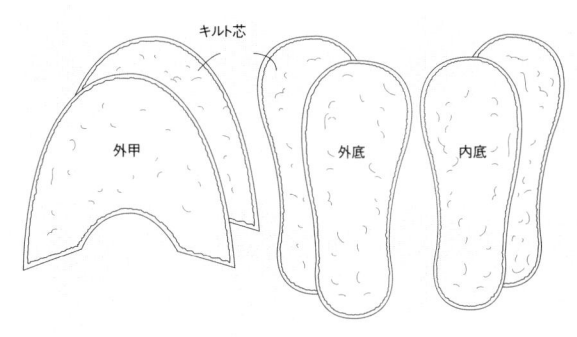

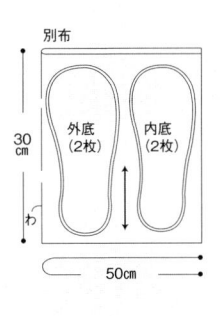

2. 外甲、内甲のつま先側の縫い代に、しつけ糸2本取りでぐし縫いをする。

3. 外かかと、内かかと布の直線部分の縫い代1cmを折り、ステッチで押さえる。内かかとのみ底つけ部分にぐし縫いをする。

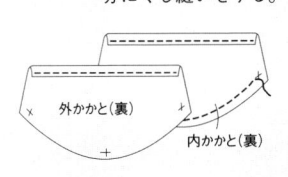

4. 内側、外側とも甲とかかとを中表に合わせて縫う。縫い代はかかと側に倒してステッチで押さえる。

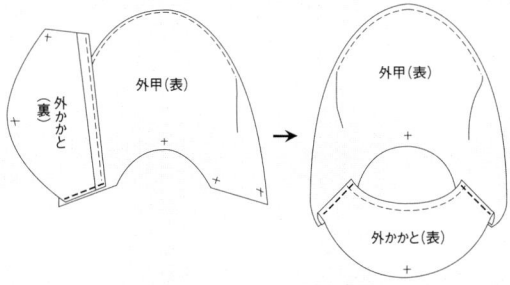

5. 内側、外側とも4と底布を中表に合わせて周囲をぐるりと縫う。

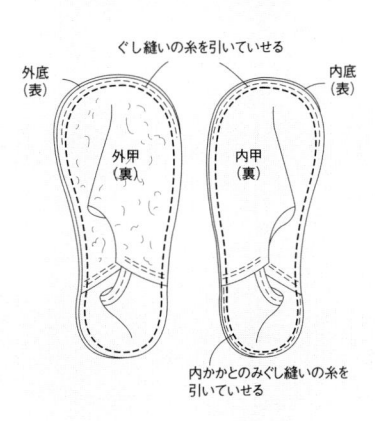

6. 5の内側を表に返し、外側の中に入れ込んで中表に重ね、甲の下側のカーブを縫う。縫い代には切り込みを入れる。

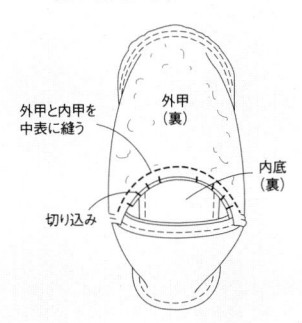

7. 内側と外側のかかとの間から引き出して表に返す。形を整え、返し口をまつる。もう片方も同様に作る。

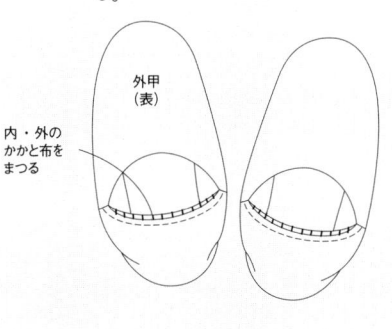

35 キャミソール
36 ショーツ

53PAGE

出来上がり寸法は小さめに設定していますので、よく伸びるフライスで作ってください。ゴムピコレースはなくても作ることができます。
＊キャミソールとショーツは実物大型紙を使用して作ります。

出来上がり寸法

S …… キャミソールのバスト78cm・着丈(後ろ肩から)55.5cm
　　　ショーツのヒップ60cm・丈18cm
M …… キャミソールのバスト81cm・着丈(後ろ肩から)56cm
　　　ショーツのヒップ64cm・丈19cm
L …… キャミソールのバスト85cm・着丈(後ろ肩から)58.5cm
　　　ショーツのヒップ70cm・丈20cm

材料

[表布]C&Sフライス起毛フィオーレ　ブルー
　　　…………… 155cm幅でS・M・L 60cm
ゴムピコレース …… 0.7cm幅1m50cm
ゴムテープ ……… 1.5cm幅S54cm・M58cm・L64cm
ニット用ミシン糸

使用する型紙

後ろ身頃・前身頃・左右ショーツ

[裁ち合わせ図]

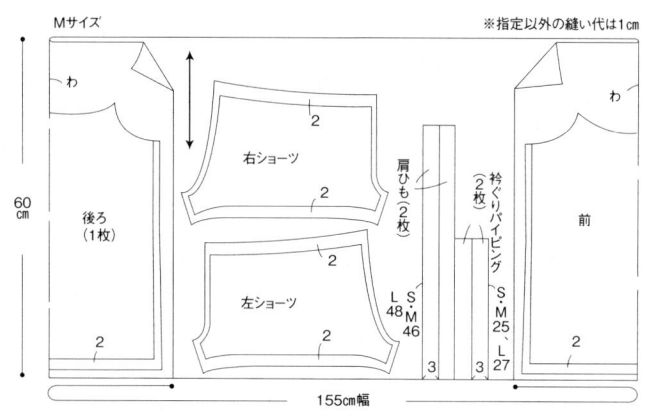

[パイピングの仕方]

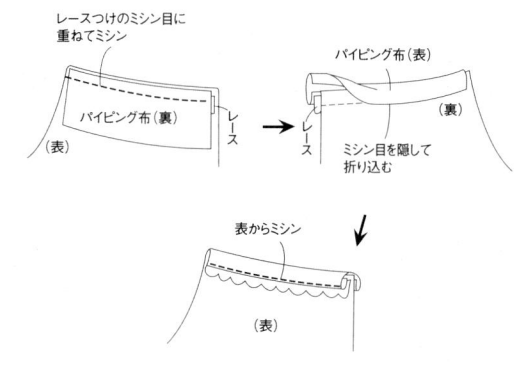

キャミソールの作り方

1　パイピング布、肩ひもにピコレースをつける。

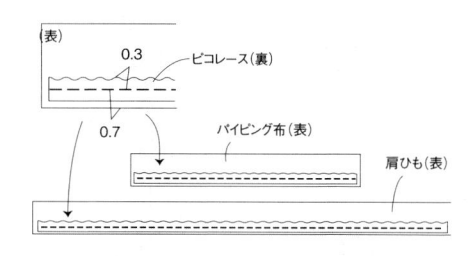

2　前身頃、後ろ身頃とも衿ぐりにパイピング布を中表に合わせて縫い、布端をくるんでパイピングをする。

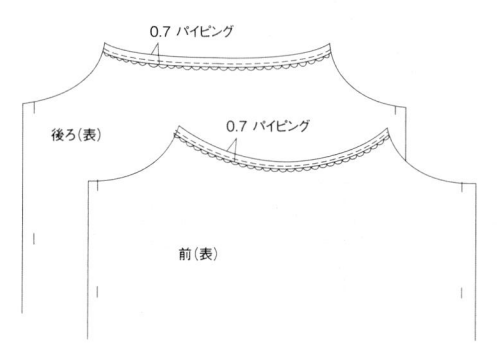

3 前身頃と後ろ身頃を中表に合わせて脇を縫う。縫い代はジグザグミシンで始末して前側に倒す。

4 裾を折り上げて縫い代端をジグザグミシンでステッチして押さえる。

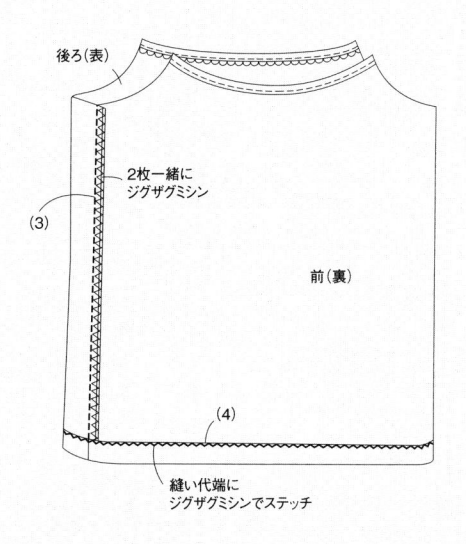

5 肩ひもの両端を縫い合わせて輪にし、袖ぐりをパイピングする。

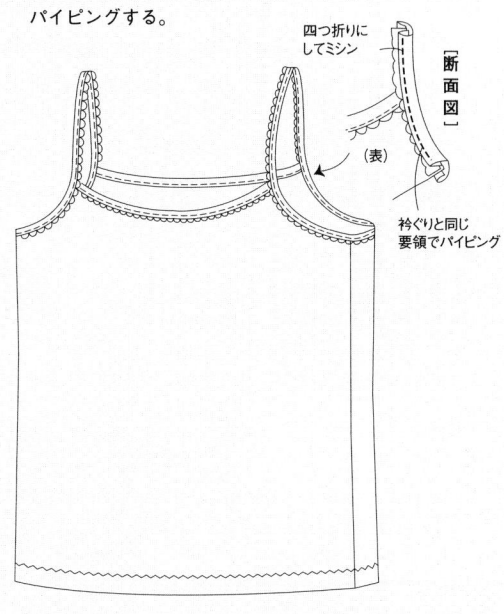

後ろ(表)

2枚一緒にジグザグミシン
(3)
前(裏)
(4)
縫い代端にジグザグミシンでステッチ

四つ折りにしてミシン
[断面図]
(表)
衿ぐりと同じ要領でパイピング

ショーツの作り方

1 股下を中表に合わせて縫う。縫い代はジグザグミシンで始末し、前側へ倒す。

2 裾を折り上げて縫い代端をジグザグミシンでステッチして押さえる。

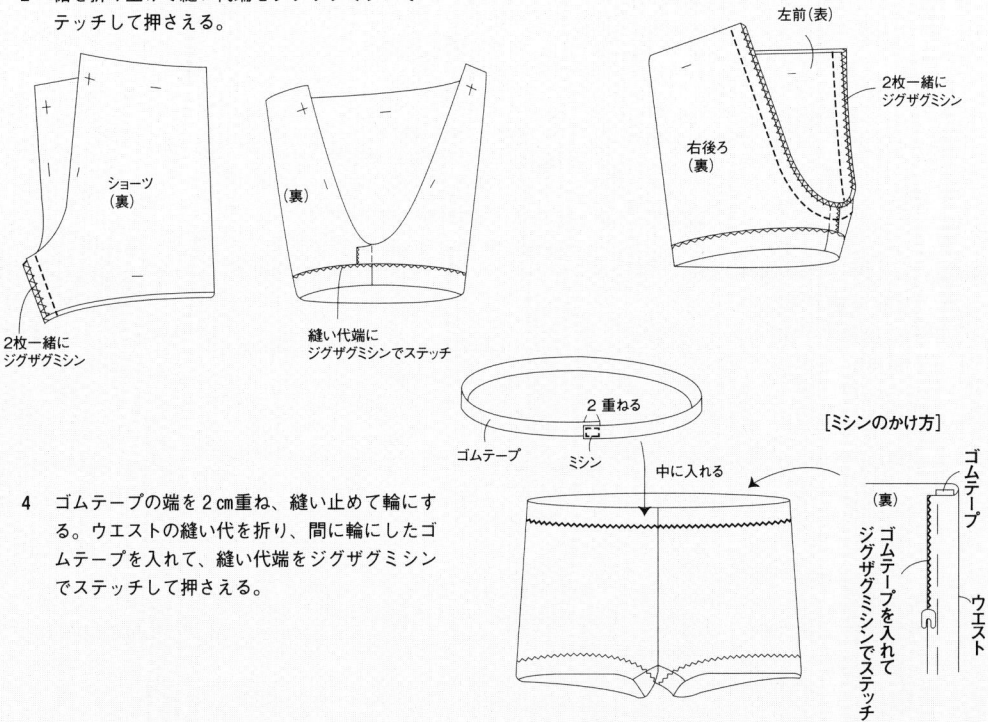

3 左右のショーツの股ぐりを中表に合わせて縫う。縫い代はジグザグミシンで始末する。

ショーツ(裏)
2枚一緒にジグザグミシン

(裏)
縫い代端にジグザグミシンでステッチ

左前(表)
右後ろ(裏)
2枚一緒にジグザグミシン

4 ゴムテープの端を2cm重ね、縫い止めて輪にする。ウエストの縫い代を折り、間に輪にしたゴムテープを入れて、縫い代端をジグザグミシンでステッチして押さえる。

2重ねる
ゴムテープ　ミシン
中に入れる

[ミシンのかけ方]
ゴムテープ
(裏)
ゴムテープを入れてジグザグミシンでステッチ
ウエスト

38 キャンバストート

55PAGE

バッグの脇と底を縫って、ひっくり返すだけの簡単なトートバッグ。表の袋布と同様に裏の袋布にもポケットをつけても。

*この作品は実物大型紙がないので[製図]を見て作ります。

出来上がり寸法
口幅42cm・丈37cm・底のマチ幅10cm

材料
[表布] C&S帆布 ネイビー ……… 110cm幅70cm
[裏布] リネンストライプ ブルー … 110cm幅50cm

布の裁ち方
製図の寸法で袋布とポケットのパターンを作り、ポケット口は2cm、そのほかは1cmの縫い代をつけて裁つ。持ち手は型紙を作らず、裁ち合わせ図に示した寸法で2枚直裁ちする。裏布は袋布のみを2枚裁つ。

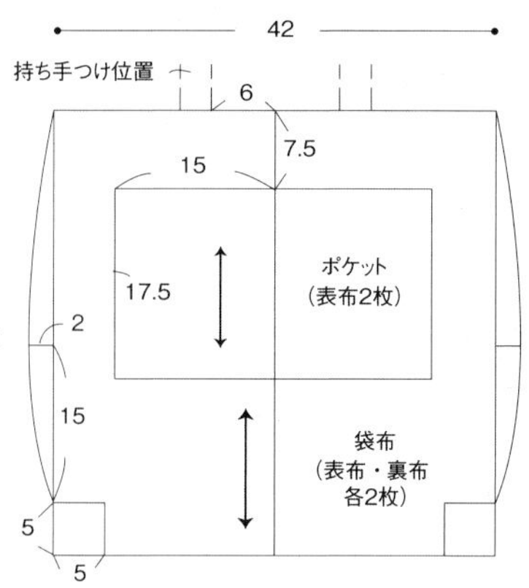

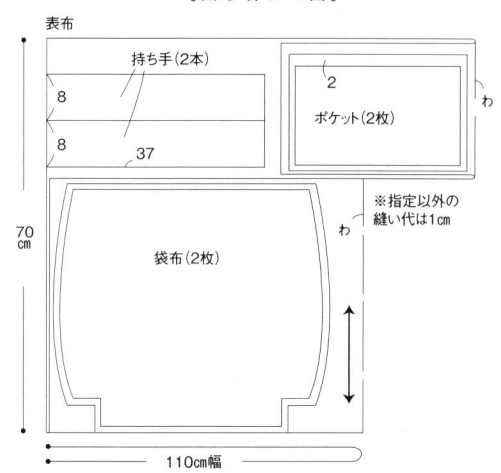

作り方

1. ポケット口の縫い代を三つ折りにし、外回りの縫い代を折って表袋布につける。
2. 持ち手を3cm幅に折ってミシンで押さえる。2本作り、表布のつけ位置に仮止めする。 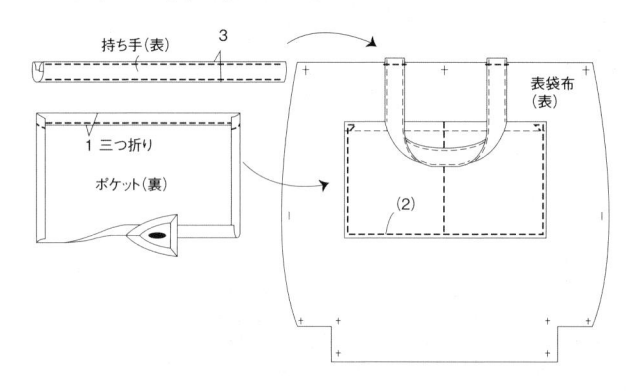
3. 表袋布2枚を中表に合わせ、脇と底を縫って縫い代を割り、底のマチを縫う。裏袋布も同様に縫うが、裏布は底に返し口を残しておく。 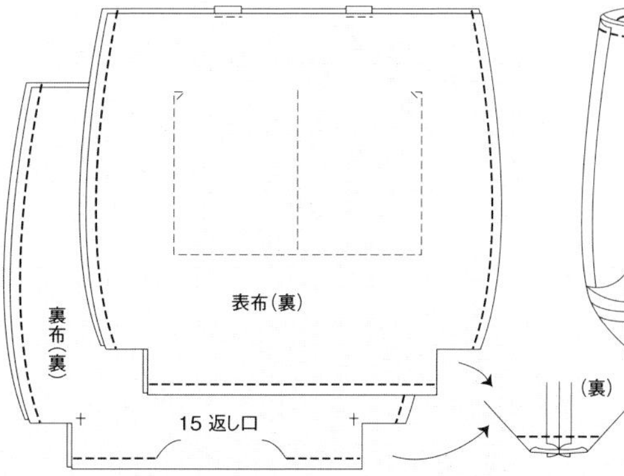
4. 表袋布と裏袋布を中表に合わせて口を縫う。 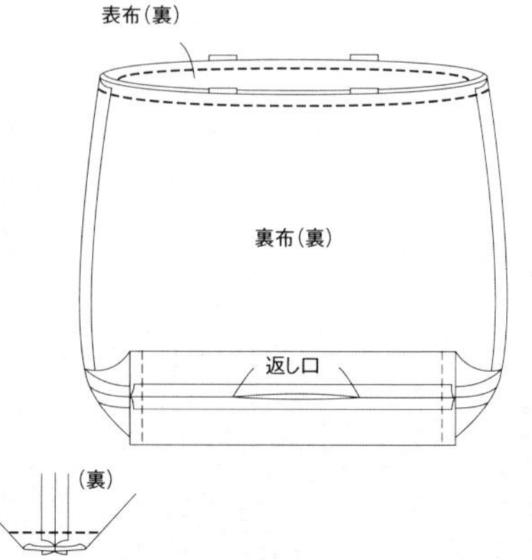
5. 裏布に縫い残した返し口から表に返し、返し口をまつる。形を整えて入れ口にステッチをかける。

22 大きなマルシェトート

25PAGE

マチが広く、どんな荷物もたくさん入るトートバッグ。もう少しハリを出したい時は、表布の裏に接着芯を貼るとよいでしょう。
*この作品は実物大型紙がないので[製図]を見て作ります。

出来上がり寸法
口幅70cm・高さ32cm・底のマチ40cm×30cm

材料
[表布]リネンウール …………145cm幅80cm
[裏布]C&Sコットンラミー ギンガムチェック
アップルグリーン……………110cm幅80cm

布の裁ち方
このバッグはすべて直線の製図なので、型紙を作らず、布に直接線を引いて裁つ。袋布と底は縫い代を1cmつける。

[製図]

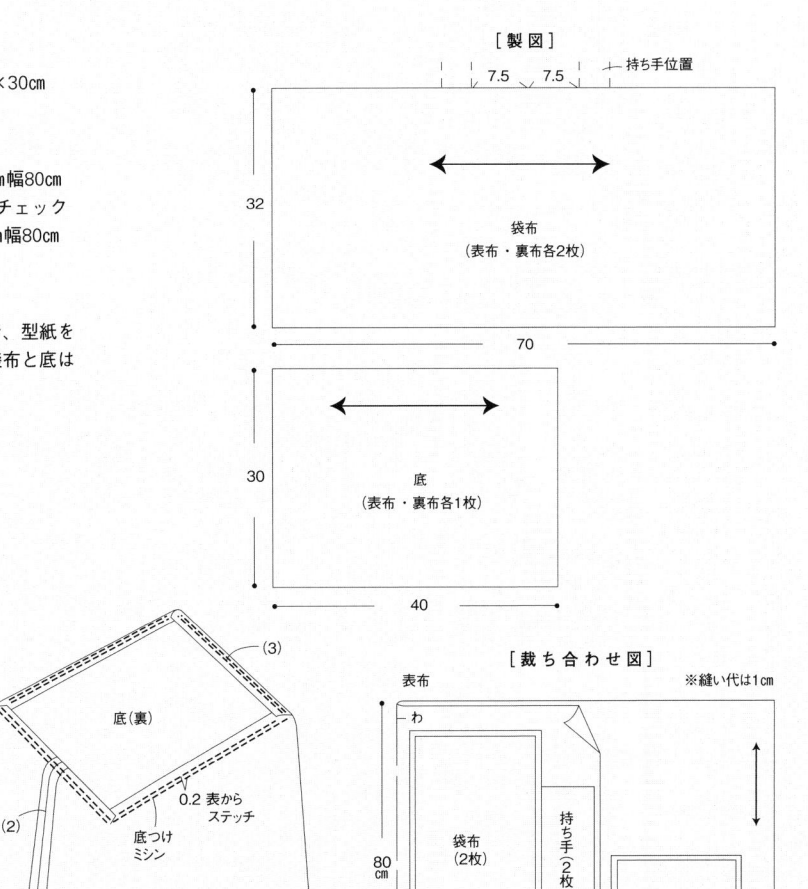

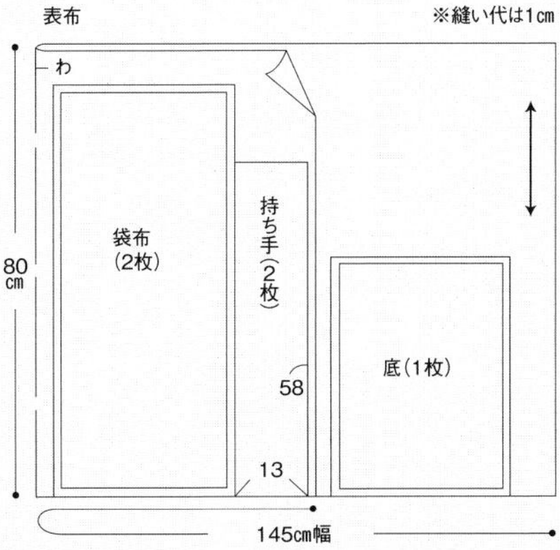

袋布（表布・裏布各2枚） 70×32 持ち手位置 7.5 7.5

底（表布・裏布各1枚） 40×30

[裁ち合わせ図] ※縫い代は1cm

表布 145cm幅
- 袋布（2枚）
- 持ち手（2枚） 58
- 底（1枚） 13
80cm

作り方

1. 持ち手布を4cm幅に折り、ステッチで押さえる。2本作る。
2. 表布、裏布ともそれぞれ袋布の脇を縫い、縫い代を割る。
3. 表布、裏布ともそれぞれ袋布と底を中表に合わせて縫う。縫い代は底側へ倒し、ステッチをかける。

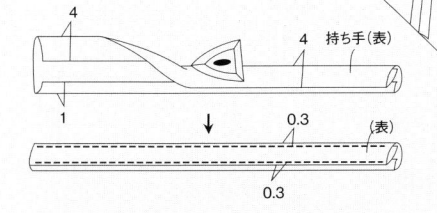

底（裏） 0.2 表からステッチ
底つけミシン
袋布（裏）
(2) (3)

持ち手（表） 4
4 1 0.3 （表） 0.3

4. 表布と裏布の口を中表に合わせ、持ち手をはさみ、返し口を残して縫う。

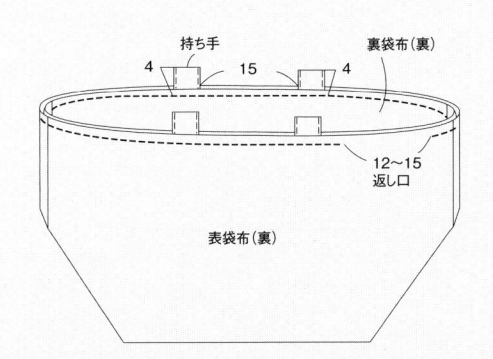

持ち手 4 15 4 裏袋布（裏）
12～15 返し口
表袋布（裏）

5. 返し口から表に返して整え、口にステッチをかける。持ち手の付け根にもステッチをかけてしっかり止めておく。

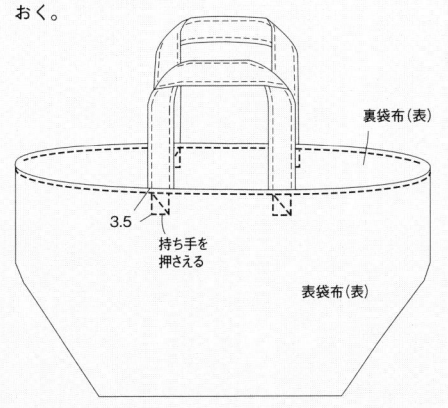

裏袋布（表）
3.5 持ち手を押さえる
表袋布（表）

Profile
在田佳代子 ありたかよこ

1992年より布の販売を始め、
1999年にweb shop『CHECK&STRIPE』をスタートさせる。
2006年に神戸の北野に直営店をオープン。
心地よい布を求めて日々奔走中。
ほかに『CHECK&STRIPE みんなのてづくり』(集英社)など。

撮影／新居明子
ブックデザイン／藤崎良嗣＋境 樹子 pond inc.
パリコーディネーション／今野春恵
マップ製作／尾黒ケンジ
作り方解説／百目鬼尚子
作り方イラストレーション／camille
パターン／小林暁子　CHECK&STRIPE
パターングレーディング／小林暁子
型紙トレース／㈱オフィスエム
作品製作／湯本美江子　CHECK&STRIPE
著者撮影(P.72)／ナガセカズエ
編集／岸山沙代子

CHECK&STRIPE 布屋のてづくり案内
2008年3月20日　第1刷発行
2013年4月10日　第7刷発行

著　者	CHECK&STRIPE 在田佳代子	
発行人	石渡孝子	
発行所	株式会社 集英社	
	〒101-8050　東京都千代田区一ツ橋2-5-10	
電　話	編集部 03-3230-6340　販売部 03-3230-6393	
	読者係 03-3230-6080	
印刷所	凸版印刷株式会社	
製本所	共同製本株式会社	

定価はカバーに表示してあります。造本には十分注意しておりますが、
乱丁・落丁(本のページの順序の間違いや抜け落ち)の場合はお取り替えいたします。
購入された書店名を明記して小社読者係宛にお送りください。但し、古書店で購入されたものについてはお取り替えできません。
本書の一部あるいは全部を無断で複写・複製することは、法律で定められた場合を除き、著作権の侵害になります。
また、業者など、読者本人以外による本書のデジタル化は、いかなる場合でも一切認められませんのでご注意ください。
© CHECK&STRIPE KAYOKO ARITA Printed in Japan　　ISBN978-4-08-780485-0 C2077